Wilhelm Lebrecht Götzinger

Geschichte und Beschreibung des Kurfürstlichen Amts Hohnstein mit Lohmen

Insbesondere der Stadt Sebniz

Wilhelm Lebrecht Götzinger

Geschichte und Beschreibung des Kurfürstlichen Amts Hohnstein mit Lohmen
Insbesondere der Stadt Sebniz

ISBN/EAN: 9783743682962

Hergestellt in Europa, USA, Kanada, Australien, Japan

Cover: Foto ©ninafisch / pixelio.de

Weitere Bücher finden Sie auf **www.hansebooks.com**

I. *)

Wir Wenzeslaus von Gottes Gnaden Römischer König, zu allen Zeiten Mehrer des Reichs, König in Böhmen ꝛc. bekennen öffentlich in diesem Briefe und thun kund allen, die ihn sehen oder hören lesen, daß wir dem Hochgebohrnen Willhelmen Marggrafen zu Meisen ꝛc. unserm lieben Schwager und Fürsten unser Schloß und Stadt Pirna mit Land und Leuten geistlichen und weltlichen Lehnschaften, mit Märkten, Dörfern, Zinsen, Renten, Gerichten, Gehölzen, Wäldern, Wiesen, Jagden, Wildbahnen, Waßern, Fließen, Seen, Mühlen, Teichen, Diensten, Pflichten, mit allen und jeden ihren Rechten, Ehren, Würden, Nutzen und Zugehörungen, wie sie genannt seyn mögen, nichts ausgeschloßen; Desgleichen mit der Mannschaft des Schloßes Wehlen für dreytausend Schock guter böhmischer Groschen, Prager münze, die wir ihm schuldig sind, nämlich 2000 fo. die er uns geliehen oder für uns bezahlt hat, und 1000 fo. die wir ihm statt der Zehrung zu geben schuldig sind, verpfändet haben; Zu dem Ende sollen und wollen wir ihm auch treulich behülflich seyn, und den Bürgern zu wißen thun, daß sie ihm Thore und Thürme der

a 2   Stadt

---

*) Ich habe diese Urkunde aus Jaakens Mscpt. der Historie der Stadt Pirna genommen. Es ist zu bedauern, daß er alle darinnen befindliche, größtentheils wichtige Urkunden nicht in der alten Schreibart gelaßen, sondern wie diese vorstehende nach der heutigen Orthographie modernisirt hat.

Stadt übergeben, ihm den Huldigungseyd leisten, und in Gehorsam von ihm erwarten, was er ihnen zu gebieten geruhen wird, damit unser vorgedachter Schwager Marggraf Willhelm und seine Leibs und Lehnserben der Stadt mächtig seyn, und sie für die obbenannte Summe Geldes zum Pfande inne haben mögen, und zwar also und dergestallt, daß man die Bürger zu Pirna und andre Manne und Untersaßen, über ihre Rechte und gewöhnliche Zinse, nicht beschweren noch dringen soll, auf keine Weise; Und wenn oder auf welche Zeit wir oder unsere Erben das Schloß und die Stadt Pirna mit ihren Märkten, Mannschaften und Zugehörungen vor die obbenannte Summe Geldes wieder an uns lösen wollen, so sollen wir ihm einen Monat zuvor die Loskündigung thun und vorgedachte Summe Geldes als dreytausend Schock guter gangbarer böhmischer Groschen Pragermünze in Güte wiedergeben und bezahlen, in der Vestung zu Rysenburg, dahin derselbe unser Schwager Marggraf Willhelm daßelbe Geld sicher geleiten soll, Alsdenn sollen sie uns die obbeschriebne Vestung und Stadt Pirna mit ihren Mannschaften und Zugehörunge, wieder abtreten, ohne Wiederspruch, Argelist und Gefährde. Sollte aber unser Schwager Marggraf Willhelm die Stadt und das Schloß Pirna nicht für obbenannte Summe Geldes an sich bringen, dieweil das Schloß itzt dem von Wartenberg für achthundert Schock Groschen zusteht und solche drauf haften, so soll er daßelbe Geld noch über die obbemeldeten dreytausend Schocken, die er uns geliehen, und wir ihn drauf verschrieben haben, darauf stehen haben, dergestallt, daß wenn wir oder unsre Erben die Loskündigung thun Demselben oder seinen Leibs und Lehnserben die achthundert Schock groschen, dafür er das
Schloß

Schloß zu Pirna an sich gebracht, mit den obbeschriebnen dreytausend Schocken wiedererstatten und bezahlen. Wofern auch der vorgedachte unser Schwager Marggraf Willhelm ohne Leibserben mit Tode abgienge, da Gott vor sey, so sollen diese obbemelte Pfandstücke das Schloß und die Stadt Pirna und ihre Zugehörungen dem hochgebohrnen Friedrichen und Willhelmen Marggrafen zu Meisen, seinen Vettern, unsern lieben Schwägern und Fürsten, und ihren rechten Leibes und Lehnserben zustehen, und auf sie fallen, doch also, daß wenn sie solchermaaßen an sie kämen, solche nicht anders als Pfandstücke in Besitz nehmen, und uns vorgeschriebner maaßen, wie unser lieber Schwager Marggraf Willhelm versprochen und zugesagt, an uns wieder abtreten sollen; Zu dem Ende sollen und wollen wir innerhalb vier Wochen, die nachgesetzter Zeit dieses Briefs zunächst auf einander folgen, diese vorgeschriebne Stücke unserm Schwager Marggraf Willhelmen anweisen; Daher wir euch, Amtleute, Ritter, Bürger und Einwohner zu Pirna an den vorgedachten unsern Schwager Marggrafen Willhelmen anweisen, begehren und gebieten ernstlich mit diesem Briefe, daß ihr euch bloß an ihm halten, seiner Anordnungen gewarten, und ihm gehorsam seyn sollet, so lange die Stadt an ihm verpfändet ist. Zu deßen Urkunde ist dieser Brief versiegelt mit unserm königlichen Insiegel. Gegeben zu Breslau, am nächsten Sonntage nach unserm Frauentage der Schiedunge, nach Christi Geburth im Jahr 1404, in dem 42ten des böhmischen, und im 29ten des Römischen Reiches.

Ad mandatum domini Regis W.
patriarcha Anth. Cancell.

A 3 2.

2.

Wir Friederich von Gottes Gnaden Herzog zu Sachßen des heyligen Römischen Reichs Erzmarschalh, Landgraff in Thüringen vnd Marggraff zu Meißen Bekennen vor Vnß vnsere Erben vnd thun kund offentlich mit diesen Brieffe allen die Jhn sehen hören oder lesen, Nachdem sich etliche Jrrunge von wegen der Außschiffung zu Schanda uff der Elben, die etwa lange zwischen vnsern Erbarn Mannen, Burgern und Unterthanen der pflegen Hohnstein vnd Wildenstein an einem, vnd vnsern Erbarn Mannen Burgern vnd Unterthanen, der pflegen vnd Stette Königstein, Ratten, Wehlen, vnd Pirna Schloße vnd Stad am andern theile, vnsern lieben getreuen sich begeben vnd gemacht hat, daß nun solche Jrrunge abgetragen, vnd die vnserm auff beyden seiten Jhn Ruhe bracht, vnd gesazt möchten werden, haben wier mit rechter wißen vnd Vollwort vnsere Räthe, dem Ehrwürdigen in Gott Vater Herren Casparn Bischoffen zu Meißen Vnsern Lieben Herrn vnd freund Gebetten vnd entpfohlen Jhn bey wesen vnser Amptleuthe vnd Städte vorgenand, wege vnd Mittel mit Jhrer vorbewuſt vorzunehmen, damit solche Jrrunge was die Außschiffunge beygethan wurde, Hat seine Liebe sich mit den Vnsern darin gemuhet, eine Außagunge vnd Ordnunge derhalben gemacht, Jnmaßen hiernach folgende Also das fürder mehr zu Schandaw noch zu Boſtelwiz Kein Schiff noch Kahn, Behmisch noch sonst Niemandes zu führen noch außschiffen solle. Sondern die von Schandaw sollen vnd mögen haben Zweene Kahn iezlichen Kahn von Anderthalbhundert scheffel getreydes, do seine Zuschiffung Malz, Gerste, Haffer, Korn, Weize

vnge-

vngefehrlich gen Schandaw vnfers gnädigen Herrn
von Sachßen, Schloßen vnd dem Ländigen dafelbft zu
nuze vnd frommen, alß viel es Nothdurft feyn wür-
det, Auch ihn ein Schiff über die iezt gedachte Zahl
zehen oder Zwölff fcheffel getreydes Zu voller Ladung
würden geladen, fo das vngefehrlich zugehet, daß foll
Vnfer Außfagunge vnd Ordnunge vnfcheblich feyn,
vnd den Schiffleuthen Keinen fchaden fügen, wo das
nicht vorfezlich gefchieb, Solch getreide fie niemandes
in Keine Weife geftatten follen wegzuführen auß den
Hohnfteinifchen vnd Wildenfteinifchen Pflegen, wurde aber fache, das Jemandes, es wehre auß der
Mannfchafft, Burge oder Gebauer, der genantten
Pflegen, oder fonft Jmandes frembdes einigerley Getreide wegführen oder führen laßen, darumb foll der
Heuptmann zum Honifchftein der iezund ift, vnd in
zukünfftigen Zeitten feyn wird, diefelbigen darumb
ftraffen an Leib vnd Guth vnd die vorgenandte Schloß
vnd Stad Pirna follen, vnd mögen diefelbigen fchiff
die alfo außgefchifft hetten uffhalten vnd vorkömmern
wo fie die betretten oder gehaben mögen, Die von
Schandaw follen vnd mögen auch darbey haben einen fchlechten Kahn darinne fie führen mügen Bier
vnd Speife zu Jhrer felbft Nothdurft das faff alles
vngefehrlich fein, und fonft follen fie Keinerley getreide
inn denfelbigen Kahne führen, es wehre denn ein fcheffel oder Zweene vnd darüber nicht die einer zu feiner
Nothdurft, felbft nuzen vnd gebrauchen wollen die
mag er führen, Würde aber Jemand darüber zu
Schandaw aber zu Bofelwizs aus fchiffen es wehre
von Behmifche oder fonft andere fchiffe vnd Kehne vnd
wer dann dafelbft folch getreyde einnehmen uffchütten
oder wegführen laßen würde, denfelbigen fol der Heuptmann zum Honftein fürderlich ftraffen an Leib vnd

an Gutße, alß oben auch berührt ist Auch sall besondern die Aus schiffung zu Boselwiz ob die iezmals
geschehen were, hinförder ganz abgethan sein, Wer
auch ihn den Kähnen getreide woran das wehre brechte
vnd fürte der soll es am Kauffe, vnd wie das Getreide
zu Pirna gemeiniglich vnd vngefehrlich gilbet, Vmb
vnsere Münze die in Vnsern Landen genge vnd gebe ist
einen Jgtlichen zu Kauffe geben alle gefehrde vnd argelist Newigkeit hinban gesazt vnd ausgeschloßen, Solche aussagunge vnd Ordnunge durch den gedachten
vnsernn Herrn vnd Freund, Herrn Casparn Bischoffen zu Meissen, wie obgeruhrt ist, geschehen darzu
Wir seine Liebe vollmächtig haben gemacht, Bestetti-
gen Wir von vnd mit vnser Fürstlichen macht vnd Gewalt, die also zwischen den vnsern in Ewigkeit vnver-
rückt vnd vnverbrochen, vor menniglich sol gehalten
werden, bey den Bußen und penen Darauff gesazt
gnädiglich mit vnd in crafft Dieses Briefes vnd zu
mehrer Bestettigung, haben wir Vnser Insiegel an
diese Brieff thun hangen, vnd den theilen iezlichen besondern gleichs lauts vnd Jnhalts einen laßen ant-
wortten Der geben ist zu Meißen Am Dienstage in den
Pfingst heyligen Tagen nach Gottes Geburth der minder Zahle ümb zwey vnd funffzigsten Jahre. (1452)

3.

Wir von gottes Gnaden Ernst des heiligen Römischen Reichs Erzmarschall, Churfürste vndt Albrecht,
Gebrüdere, Herzogen zu Sachßen, Landt Graffen in
Thüringen, vnd Marggraffen zu Meißen Bekennen
für vns, vnser Erben und Nachkommen gegen aller
männiglichen, die diesen Brieff sehen oder hören lesen,
das

das für uns kommen sind, Unser Lieben Getreuen, Richter, Schöppen, vnd gantze Gemeine des Städt- leins zu Schandaw, in der Pflege zum Hohnstein gelegen, Erzehlende Wie sie das Dorff Rathmanns- dorff auch in der Pflege zum Hohnstein gelegen von vns zu Lehn ruhrende mit zwölff besessen Männern, Wie die George Birken gekaufft haben, Demüthiglich bittende ihn das genannte Dorff zum rechten Stadt Guthe zu machen, zuvereignen, vnd zuverschreiben Han Wir angesehen solche ihre demüthige vnd fleißige Bitte, auch getreue Dienste, die sie Unserm Vater vnd vnß bishehr offtmals getreulich gethan haben, vnd hinfürder noch zukünfftiglich thun sollen vnd mögen, vnd haben darumb solch Dorff von George Birken vfgenommen, vnd das ihn vnd allen ihren Nach- kommen zu rechtenn Erbe vndt Stadt Guthe gemacht, voreignet, vnd verschrieben haben. Eigenen vnd Ver- schreiben den genanten Richter, Schöppen, gantzen Gemeinen, vnd allen ihren Nachkommen, das obge- nannte Dorff Rathmannßdorff, mit seinen Gerichten, rechten, Ehren, Nutzen, Wurden, Freyheiten, vnd zugehörungen, Immaßen George Birke ihn das ver- laufft vnd an sich bracht hat, zu rechten Erbe vnd Stadtguthe von vnser Fürstlichen Macht, Gewalt vnd Mildigkeit gnädiglichen vnd Gegenwerttiglichen, In, vnd mit Krafft dießes Brieffes also hinförder zu Ewigen Zeiten an rechten Erbe vnd Stadt Guthe zu haben, zu besitzen, ingebrauchen zu genießen, vnd bey dem Städtlein zu haben vnd zu behalten, Von Vns, Vnsern Erben, nachkommen, Vnd allermänniglichen Daran vngehindert doch also bescheidentlichen, daß die Genanten Richter, Schöppen, gantze Gemeine des Städtleins zu Schandaw vnd alle ihre Nachkom- men Vns Unsern Erben, vnd Nachkommen hinfürder

zu Ewigen Zeiten dauon mit einen Rytenden gewa-
penten Schützen uf unſer Schloß zum Hohnſtein die-
nen ſollen, alſo offte und dicke das Noth thun und ſein
wirdt, und ſie darumb von Unſerm Ambtmanne der
den zu ſolcher Zeit zum Hohnſtein ſein wirdt, erſucht
und angerufft werden, alle Geſehrde darinnen ganz
ausgeſchloßen. Hirbey ſind geweſt und gezeugen, Unſere Räthe und Lieben getreuen Haupolt von Schlynz,
Obermarſchall, George von Schlynz, Diettrich von
Schonberg, Heinrich von Schonberg, Bernbardt
von Schonberg, und Hanß von Mergenthal Canzler, Andere unſere Manne, und diener genug glaub
Würdiger, Geuhrkundte mit Unſern Herzog Ernſts
anhengenden Inſiegel, deß wir Herzog Albrecht hieran mit gebrauchen, Wißentlich vorſiegelt, Gegeben
in Meißen, am Freytage nach Exaudi, Nach Chriſti
Geburt Tauſendt, bierhundert, darnach in den Sieben und Sechzigſten Jahre.

4.

Vonn gots gnaden Wir Ernſt des Heiligen Romi-
ſchen Reichs Erzmarſchall kurfürſt Unnd Albrecht gebruder Herzogen zu Sachſen Lantgrauen In Doringen und Marcgrauen zu Meiſſen, Bekennen vor uns
unſer Erben unnd tun kunt mit dißem unnſern briue
vor allermeniglich die yn ſehen aber horen leſen, das
wir unnſerm lieben getrauwen Hanſen von Libenaw
und ſeinen rechten Leibs lehns erben diße nachgeſchri-
ben guter von unns zu Lehn rurende in der pflege zum
Honſtein gelegen mit namen das dorff Hermeſtorff
die Helffte mit Zcinſen geſchoßen eckern wiſen fronen
dinſten Teichen fiſchereien waſſern waſſerlouften barzu
                                                      die

die Helffte an einer Wißen obenwendig der nawenstat
gelegen mit allen rechten freiheiten gnaden vnd zuge-
horungenn nichts auß geschlossen, Sunder In allir-
massen Cristoff Hans Heinrich vnd Sigmunt von
Maxen gebruder solche guter von vns zu lehn redli-
chen herbracht, vnd Margaretha Hanß Keselings ze-
liger gelassen haws frauwen die itzt des gnanten Libenaw elich weip ist, die biß her zu Lipgut vnnege-
habt vnnd gebraucht, ym die nw vorwechselt vnd vor
frey marckt vnd zu vnsern handen aufgelassen, zu rechtem lehn gereicht vnnd gelihen haben, mit allen rechten vns doran zuvor leihen geborinde, Reichen vnd
leihen dem gnanten Libenaw vnnd seinen rechten leibs
Lehnserben die obgerurten guter mit yrer zugehorung
die helffte alß genwertiglich In vnnd mit craft dits brifs
die also furbas mehr von vns vnd vnsern erben zu
rechten lehn zu haben zu besitzen zu gebrauchen vnd der
zu geniessen die auch zuuordinen vnd den Lehn alsofft
die zu falle komen rechte volge zutun vnd sich domit
zu halten wie obin gestanden vnd lehngutir recht vnnd
gewonheit ist Wir haben auch vmb des guten Libenaw vleissigen bete willen der gemelten frauwen Margarethen seinem elichen weibe die obgerurten guter die
helffte mit allir gerechtickeit vnnd zugehorunge nichts
außgeschlossen, Sundern in allirmasse der gnt libenaw yr elicher man die itzt von vns zu lehn entpfangen zu Leipgedinge bekannt vnd gelihen Bekennen vnd
leihen der gemelten frauwen Margarethen solch gut
obinberurt die Helffte mit yrer zugehorung genwertiglich auch mit craft dits Briefs die nach des gnten
yres elichen Mannes tode ap sie den erlebet vnd nicht
eber nach anders zu rechten Leipgedinge zu haben zu
besitzen der zu gebrauchen vnnd sich domit zuhalben wie
obingeschriben vnnd leipgedinges gut recht vnnd ge-
won-

dem Schloß gelegen, zwey forwergk zu Aloten Welen gelegen, mitt dem Wesen darzu gehörendt, vnd
den nachgeschribenen holzern, Im holz Balisch gelegen, den fürder hann, den hindren hann, den Brucke
walbt, ein gehölze der Steinbergk, mitt den Schleiff
wergk, vnd Steinbruch, darinne ein gehölze, ober
der Wesen, Im Zeichen ein Gehölze, der Pusch
genandt, altten Wehlen, das Dorff, mit dem kirchleben, mit 14 ßo. 7 gl. 7 pf. 1 hl. erbzinse, ahn
gelde, 26 schl. 1 Vtl. korn, 26 schl. 1 Vtl. haffer,
j ßo. 44 hüner 20 ßo. vnd 30 Eyer, j ßo. 32 Erbsicheln, 46 Erbsensen haffer, vnd gras zu hauen, 66
erb Pfluge, Jzlichen vor einen Tagk abngeschlagen,
Ottenwalda das Dorff, mitt einem schock, 44 gl.
erbzinse, 16 schl. korn, 16 schl. haffer, 15 hüner 2 ßo.
Eyer, 31 Sicheln 15½ Sense, 23 Pluge, sterze Das
Dorff mit dem kirchleben, 10 ßo. 27 gl. 6 pf. 1 hel.
erbzinse, 74 schl. Korn, 74 schl. haber, 1½ schock büner, 6 ßo. Eyer, 1 ßo. 52 Sicheln, j ßo. 24 Pflüge,
1 schl. Mahn, mitt den drey huffen, Die der albte
Gerbardt, vnd Lauttiz Innehaben, vnd dem Pfarr
die Zinse geben, hoben Borkersdorff, das Dorff
2 ßo. 26 gl. 8 pf. erbzinse, 23 schl. ohne 1 Vtl. korn,
23 schl. ohne 1 Vtl. haffer, 24 ¼ Hüner, 2 ßo. 53
Eyer, 33 sicheln, 28 Pflüge, Mockenthal das Dorff
mitt 5 ßo. 43 gl Erbzinse, 12 erbsicheln, 12 Bette
sicheln, pusche das Dorff mit j ßo. 31 gl. erbzinß, 2.
büner 7. Sicheln, Das forwergk zu Mockenthal mitt
seinem eckern, vnd wiesen, gehölzen, und Steinbru-
chen, wie das vor altters gelegen ist, vnd die Albte
Greiff Lauinne zu leibgedinge Innehelbt Kunners-
dorff das Dorff mit seinen Zinsen, vnd die Zinse Jnn
der Vorstadt zu Pirna, nach außweisung des Regi-
sters meiner Handtschrifft, mitt erbgerichten, Lome
das

das gesesse mitt dem forwerge, mitt Muhlen, fischereyen, Teychen, mitt dem Lohmischen welde, als also
der Inn seinen vier Reynen begriffen ist, den kuebergk,
oder Porschendorff gelegen, die Posche mitt andern
gehölzen, die Dörffer Nider vnd Oberlohmen, mitt
den kirchlehen daselbst, 8 ßo. 6 gl. 1 pf. 1 hl. 86 schl.
korn, 115 schl. haber, 58 huner, 7 ßo. 50 Eyer, 113
Sicheln, 56 Sensen 1 ßo 27 Pflüge, Item beyde
Dörffer 3 ßo geschoß, Vnd j Ochsen, oder 1 ßo groschen dafür, Taube der Siz, mitt dem forwergk, Wiesen, eckern, vnd gehölze, vnd das Dorff mit 5 ßo.
15 gl. Erbzinß, 2j. huner, 2 ßo. 25 Eyer 30 Sicheln, 19½ Pflugk, vnd j. Lehen Pferdt, Jaxke das
Dorff mitt 3 ßo. 15 gl. Zinß, 43½ huner, 7½ ßo
Eyer, 12 Sicheln, 6 Sensen, 9 Pflüge, Porschendorff das Dorff mit dem kirchlehen, 10 ßo 47 gl. 6 pf.
1 hl. Zinß, 2j. schl. Korn, 2j. Schl. Haffer, j ßo 6
huner 4 ßo 40 Eyer, 54 Sicheln, 40 ½ Pflugk, Be-
reute das Dorff j ßo 53 gl. 3 pf. 1 hl. Zinß, j schl.
korn, j. schl. haffer, 11. huner j ßo. 20 Eyer 6 Sicheln, 7½ Pflugk, Eschdorff den Siz, vnd das Dorff
mitt sambt dem forwerge, Eckern, wiesen, Teychen,
vnd geholze, ein holz die haltte, ein holz das Tennicht,
ein Dorff der Tiffe grundt, Wiesen vnd holz, im
Teigen genandt, mitt 16 ßo 18 gl. 8 pf. geldt Zinß,
67 schl. 1 Vtl. korn, 67 schl. j. Vtl. haffer, 80 huner, 14 ßo 35 Eyer, 29 kese oder 1 pf. vor einen,
Rosendorff das forwergk, ein frey gerichte, 2 ßo.
22 gl. Zinß mitt Teichen, vnd wiesen, also vor alb-
ters geliehen ist, Windischen Dorff das Dorf 8 schock
9 gl. 3. pf. Zinß, 48 schl. korn, 48 schl. haffer, 44
huner, 5 schock 52 Eyer, j. schfl. Man, Pannewiz
das Dorff, mitt 7 ßo 41 gl. j pf. j hl. Zinß, 4 schl.
weiz, 4 schl. korn, 44 huner, 5 schock 25 Eyer, 10
kese

kese 19 Eicheln, Dittersbach den Sitz, mitt sambt
dem forwergk, Wisen, eckern, hölzen, Teychen, Muhlen, ein holz die kubenleydte, ein holz, der Linz grundt,
6 ßo. 38 gl. 2 pf. Zinß, 29 ½ schfl. korn, 29 ½ schfl.
haffer, 31 ½ huener, 9 ßo 30 Eyer, Rudigsdorff
das Dorff, mitt 7 ßo. 27 gl. Zinß, 31 ½ schl. ½ Vtl.
korn, 31 ½ schl. ½ Vtl. haffer, 1 ßo 11 hüner j ßo
20 Eyer, j ßo 20 Eicheln j ßo. Pflüge, bey dem
Richter ein Lehen Pferdt, Das Dorff Dobera mitt 6
ßo 24 gl. 1 hl. Zinnß, 33 ½ schl. korn, 42 ½ schfl.
haffer, j ßo 31 hüner 4 ßo 30 eyer, 56 sicheln, 41 ¼
Pflugk, bey dem Richter ein Lehen Pferdt Wesen Zins
in Breitterlo dabey gelegen j ßo 58 gl. 2 hüner vnd
die zwey gehölze die Ober vnd Nider Breitterlo genandt,
von meinem gnedigsten Herrn von Sachßen rc. zu Lehen rurendt, darzu ein forwergk helwigsdorff genandt, mitt seiner Zugehörunge mitt dem Walde, Ober
Dittersbach, von Meinem gnedigen Herrn dem Bi-
schof von Meysen zu Lehen rurendt, Auch einen Weyn-
gartten der Welen genandt In der fluhr, zu Lozbro-
da gelegen, vnd alle oben bestimpte gutter, Dörffer,
Forwerge, vnd andere Zugehörung, mit alle Ihren
eckern, Wesen, Bomgartten, vnd sonsten gartten,
Wälden, gehölzen, Puschen, freyen eygenen Wildt-
bahnen, hoch wilpreth, vnd alles andern Wilpreth,
mit allem Weidtwergk, wie man das zu treiben, Immer erdencken magk, zu fahen, vnd sonsten niemandes
mehr, dan wehr es mitt seiner kunst heldt, fischereyen,
Bechen, wassern, wassergreben, Wasserleufften, Teychen, Teychstedten, Muhlen, Brett Muhlen, Muhl-
stedten, Dörffern, Leutten, Zinsenn, fröhnen, Bechen, Dinsten, gerichten, Abersten, vnd Nidersten,
Ober hals, vnd ober Handt, Schefferenen, Schaff
Trifften, vnd andern Viehe Trifften, huttungen, vnd
Wey-

Weyden, Schleiffsteine, Muhlsteine, vnd anderer
Steinbruche, mitt Wegen, steigen, stegen, zu vnd
abe fertten, fahrenden, reittenden, gehenden, mitt
allen andern, zu vnd eingehörenden, vnder, vnd ober,
der Erden, Jm wasser, vnd Jnn Lufften, benant, vnd
vnbenant, besucht vnd vnbesucht, nichtes ausgeschlossen, Sondern Jnn allermassen Jch das Jnnegehabt,
besessen, genossen vnd gebraucht haben, ahne alle hinderlist vnd gefehrde, Recht, vnd redlich, vnd diese
nachgeschribene gutter, Nemlich Dobrix das Dorff,
Dobernix, kleine kraup, Neumensdorff, den Saltz
Zoll zu Pirn, den Steinbruch, gegen Libenthal, öber
Jnn dem forwerge, zor Dauber gelegen, mitt meinem
Rechte verkaufft haben, Vnd verkeuffe mitt, vnd Jnn
krafft dieses briffes alle obgemelte gutter, dem gestrengen Ehrenvhesten Ernn Heinrich von Starschedel
Ritter, vnd seinen erben, Jnn der aller besten form
vnd weyße, wie ein kauff zur Rechten, vnd aus krafft
der verlassung der gemeltten gutter, so Jch Jhm vor
M. gnedigen H. von Sachsen ꝛc. offgelassen vnd vbergeben habe, Jnn aller krefftigsten gesein magk, Vnd
Jch obgenannter Nickel von köckerix, gerede vnd gelobe vor mich), alle meine Lehens, oder sonst erben,
das Jch, vnd Sie, solcher meiner verkeufften gutter,
dem genandten H. Heinrich von Starschedel vnd seinen erben, der aller sämbtlich, vnd eins Jzlichen besondern lebiglich, nichtes ausgeschlossen, für einen
Jzlichen, Welches standes, wirdens, oder wesens ehr
ist, eine rechte vollstendige Wehre sein soll, vnd wollen,
wie wehre Jm Lande, zu Meysen, recht, vnd gewonheitt ist, Thue dem gemeltten H. Heinrich oder seinen
erben, das alles, wie oben gemeldt ist, eine rechte
vollstendige wehre, Wie Wehre Jm Landes zu Meysen
recht vnd gewonheitt ist, hirmitt, vnd Jnn krafft dieses
briffes,

briffes, vnd verbunde mich, meine Lehens, vnd sonst
erben, ob dem genandten H. Heinrich, oder seinen erben, die obgemeltten gütter, sämbtlich, oder innert
eines Innsonderheitt, worahne das sein wurde, ganz
lediglich, nichtes außgeschlossen, ahngesprochen würde,
Das soll, vnd wollen Ich, meine Lehens, oder sonst
erben, mitt Rechte vortretten, vnd das Im Rechten
freyen, also das Ehren Heinrich, oder seine erben,
der gutter an solchen Inn vnd ahnsprechen keinen schaden haben, nach entpfahen sollen, Alldieweil Ich meine Lehens, vnd sonst erben, Ihm oder seinen erben,
die gewehre, der verkaufften gutter, von Recht vnd
gewonheitt wegen, des Landes zu Meyssen zu thun,
schuldig sein, Begebe sichs dan das dem genandten
Herrn Heinrich, oder seinen erben, die obgemeltten
gutter sämbtlich, oder ettwas dauon, nichtes außgeschlossen, was das were, ahngesprochen, vnd Ich,
oder meine Lehens, oder sonst erben, des von Ernn
Heinrich, oder seinen erben, Ihn oder Sie, der anspruch zu freyhen ersucht, vnd Ich oder meine Lehens,
oder sonst erben, darinnen seumigk wurden, also das
dem genandten Eren Heinrich, oder seinen erben, der
ahngesprochenen guttern, auß mein oder meiner Lehens, oder sonst erben versäumnus, mitt Rechte ahn-
gewonnen wurde, die gutter sämbtlich, oder ein Teil,
woran das sein wurde, gar nichtes außgeschlossen, das
sollen, vnd wollen Ich, meine Lehens, oder sonst erben, Herrn Heinrich, oder seinen erben, nach ahn-
zahl vnd wirden derselbigen gutter, Wie die Inn dem
Register, so Ich Im kauf vberandtwordtett haben
ahngeschlagen, oder geachtett sein, mit sambt bewenst-
lichem schäden, den Eren Heinrich oder seine erben,
entpfahen wurden, ahn alle wiederrede, vnd ahn alles
vorziehen, getreulichen guttwilliglich wohl zu Dank
b aus-

außrichten, vnd bezahlen, Begebe sichs aber, das der
genandte Err, Heinrich, oder seine erben, mich, meiner lehns, oder sonst erben, Im verjungebinge, der
abngenommenen gutter, vnd scheden, mahnen müf-
fen, darzu Ichs meine lehens oder sonst erben, Inn
keiner weiß sollen kommen lassen; So es aber zu der
mahnung kommen würde, wir den Herrn Heinrich,
oder seinen erben, die mahnung kegen nichts, meine
Lehens oder sonst erben, vornehmen, oder thun werden, In aller weldt, wie das menschen Sinn erdenken mügen, damit Ich meine Lehens oder sonst erben,
zur gnuge thun, bracht werden, das fall Errn Heinrich, oder seine erben, zu thun, gutt recht, vnd macht
haben, Gleicherweyße ob ehr, oder seine erben, mich
meine Lehens oder sonst erben, mitt allen gerichten, vnd
Rechten so es Inn itzlichen gerichten, ahm allercreff-
tigsten, gesein magk, oder möchte, darzu gelangett
hette, So weder Ich, meine Lehens oder sonst erben,
mitt wortten, oder mitt wercken nicht sein sollen, noch
das zu thun bestellen, Sondern vorzenhe, vnd vber-
gebe mich meine Lehens oder sonst erben, Inn den Sachen aller gnaden, vnd freyheitten, des Rechten, auch
aller gnaden der Herrschafften, vnd der Landtstenden,
den vnd in den Ich meine Lehens, oder sonst erben,
wohnen, oder besessen sein, oder zukünfftig werden,
auch aller gewaldt, vnd macht, der Obersten Haubt
der Christenheitt, vnd alles das menschen Sinn erdencken, das nichts meine Lehens, oder sonst erbenn, Inn
dem zu frommen, oder behelff, Ern Heinrich oder seinen erben, zu schaden kommen möchten, Es soll auch
der genandte Er Heinrich, oder seine erben Inn solche mahnnng, die ehr oder Sie, wider mich, meine
lehens, oder sonst erben, thun musten, oder möchten,
von mihr, und allen meinen Lehens, oder sonst erben
von

von Jbermenniglich, darumb vnahngelangett, vnd
das ganz ahne wandel fein, vnd bleiben, Gerede vnd
gelobe, meine Lehens, oder fonst erben, das Jch, vnd
Sie, diesen meinen kauff, vnd wehrbriff Jnn allen seinen Artickeln, ganz stett, vnd vhest, haldten soll, vnd
wollen, und darwieder mitt keynerley, Wie das menschen Sinn erdenken möchten, nimmermehr gethun,
bey meinen gutten Waren Trauen, Das zu Vhrkundt
habe Jch obgenandter Nickel von Köckeriz, vor mich
meine Lehens, oder sonst erben, mein Jnnsigel ahn
diesen Briff gehangen, der geschriben ist, nach Christi
vnsers Herrn geburth, 1484. Am Tage Martinj des
heyligen Bischoffs.

6.

Von gots gnaden Wir Albrecht Herzog zu Sachßen
Lantgraue in Doringen, und Marggraue zu Meißen,
Bekennen für vns, vnser Erben vnd Erbnemen, vnd
thun kundt in diesem Brieue vor meniglichen, Das Wir
vnserm lieben getrawen, Hansen von Libenaw, vnd
seinen Rechten leibslehens Erben diese nachgeschriebene
guther von vnns zulehen Rurende, mit nahmen das
Dorff Hermestorff die Helffte, mit zinsenn, geschos-
senn, Eckern, Wiesen, Fronen, Dinsten, teichen,
vischereien wassern, wasserlewfftenn, gerichtenn obir-
stenn vnnd nyderstenn, darzu die Helffte an einer wiesenn, oberwendig der nawenstadt gelegenn, mit allen
Rechten freiheittenn, gnadenn, vnnd zugehorungen,
Item den Hofe vmb forwergk Neispergk vber der Sebeniz, alles Jn der pflege zum Hoenstein gelegenn,
mit allenn Zinnsen, Ackernn, wiesen, puschenn, vihe-
trifftenn, wassern, wasserlewfftenn, Bergenn, grun-

denn,

denn, vnnd talenn, darzu die pfeffer wiesenn oben-
wendigkh der Sebenitz vnder dem walde gelegenn,
mit dem waffer gnant die Sebenitz mit Jrer bische-
reien vonn der Stat nyderwarts biß an Heynerstorff,
mit solchenn Eren, nutzenn, wirdenn, freyheittenn vnnd
zugehorungen, gar nichts außgeschloffenn! Sundern in
allermaßenn er solche guter von dem Hochgebornenn
fürstenn vnserm liebenn Bruder, Herzcogen Ernsten
Churfürstenn seliger vnd loblicher gedechtnuß, vnnd
vnns insampt zu lehenn Jnne gehapt, vnd nw noch
gehapter vnnd Bruderlicher Erbteylunge, Jn vnsern
teyl geuallenn, zu Rechtem manlehenn gereicht vnnd
geliehenn habenn mit allenn Rechtenn vnns daran zu-
uorleihen geburend. Reichen vnnd leihenn dem ge-
nanntn Hannsenn von Liebenaw, vnnd seinen Rechtenn
leibs lehenns Erbenn, die oben angezceigtenn, Dorff,
Houe vnnd Forwergk mit allenn vnnd Jzlichenn Jren
ein vnnd zugehorungen, die hinfur vonn vnns, vnsernn Erben vnnd nachkommenn zu Rechtem manlehenn
inne zu habenn, zu besitzenn, tzugebrauchenn, vnnd
zugenyßenn, Die auch, wie sich geburt, zuuordynen,
vnnd den lehen, So offt die zu falh komen, Rechte volge
zuthun, vnnd sich domit zu halten, wie obengeschrie-
benn, vnnd solcher lehenn guther altherkomenn Recht
vnd gewonheit ist, Doch vnschedlichenn vnns an vnser
oberkeitt vnnd gerechtigkeit, Wir haben auch Lorentzen vonn libenaw seinenn Bruder, vnnd seine Rechtenn Leibes lehens Erbenn semptlich mit solchenn gu-
tern zu Jme belehnet, vnnd Belehnenn Jne semptlich
darzu geinwertiglichenn mit vnnd in krafft dits Briues,
Doch Bescheidenlichenn vnnd also Wann gnanter
Hanns vonn libennaw mit tode vnd ane Rechtenn
leibes lehens Erbenn abgehenn wurde, das alßdann
solche guther oben bemelt, an gmeltenn Lorentzen sel-
nen

nen Bruder, vnnd seine Rechtenn leibs lehenns Erbenn
komenn vnnd gevallenn sullenn, vonn vnns vnd menniglichen darann vngehindert, Hiebey sein gewest,
vnnd gezceugenn, Der Erewirdige In got uater, vnnser lieber Herr vnnd Freundt Hr. Johannes Bischoue
zu meißenn, Der Hochgelarte Doctor Johann Erolt,
vnser Rat vnnd Cantzler, George von widbach vnnser Thorknecht, vnnd ander mehr gnugk glawbirdiger
zu vrkunde mit vnnsern anhangendenn Jnsigel vor-
sigelt, Vnnd gebenn zu Dresdenn Am Mitwoch nach
Arnolphi, Noch christi geburt Tausennt virhundert
vnd darnach in dem Sechß vnnd achzcigistenn Jarenn.

7.

Zuvor merkenn, das Heinrich von Schleinitz vndt
der Rath zu Pirn auff Mittwoch nach Lætare Anno
Domini Nonagesimo, vor meinem G. H. herzogk George erschienenn seindt, der Außschiffunge zur Schanda mitt getreibe, vndt Heinrich von Schleinitz hatt
furbrachtt, wie solche Außschieffunge zur notturfft seiner Leutte, den von Pirna kein schaden, vndt S. G.
an Zöllene vnndt Geleitten Kein Abbruch Thette, Vndt
wo sich die seinen doselbest getreidichs nicht erholetenn,
so erholetenn sie sich des nicht zur Pirn, sondern auß
Böhem der Schleßienn vnd den Sechs Stedtenn, Derhalben den von Pirnn, daß seine Leutte sich getreidichs
zur Schanda erholeten, Auch Kein abgangk geschehen, So sie das sonst nicht zu Pirna, Sondern an
andern Enden zu sich brechtten, Das alles die Stadt
Pirnn nicht fast inn abrede gewest, Hatt mein G. H.
herzogk George den gemeltten Parthen solcher Aus-
schieffunge halben, zur Schanda vf diß mahl Abschiedt
gebenn.

b 3   Daß

Daß Heinrich von Schleiniß untherthane, auß
den Pflegenn vnnd Herrschafft Schlueckenaw vnnd
Tollennstein sich getreidichs von der Außschieffunge zur
Schanda für sich zu ihrer notturfft vndt ihrem gebrauch erhollen vnndt das förder nichtt verkeuffen noch
dormitt handelnn sollenn Vndt S. G. hatt ihn das zue-
gelaßenn, bieß auff weiter erfahren von Derselbigenn
Außschieffunge. Wo sichs aber anders befünde, Daß
der von Pirn Notturfft seinn, die Dinge der Schiffunge
halbenn, Vndt waß sich dauon Vrsachte, daß unnß
vndt auch Ihnen zu Rechttfertigen vnndt Rechttliche
erkenntnuße darüber notturfftig seinn, desselbigenn soll
Jedes Theill frey seinn, Vnndt durch solchen Receß
vnnd abschieb, des nichtt geirrett werdenn Vndt alß-
den sall der Jrthumb gleich, in dem Wesenn stehen
Als er vorgestandenn, ehe sie mitt einander Vff heutte
Mittwoche vor seine G. Kommen seinn, vnnd nach
Jedes Teil vorbringen beschehenn vnndt ergehen, so
uiel zu Rechtt erkanndt wirdt.

8.

Ich George Karaß, die Zeitt Ambtmann zum Hohnstein bekenne In dißenn Meinem offen Brieffe vor allen, die In sehen hören oder leßenn das vor mich
kommen ist der ehrhafftige Nickel Richter zu Irrenberg Im Ambt Hohnstein gelegen mich Ambts halben
gebeten Im vnd sein Erben daß Lehngut vndt freygerichte zu Irrenberg zu lenen also habe Ich solche
seine bitte an meinen gnedigen Herrn Herzog George
Herzog zu Sachßen, Landgraue in Doringen vndt
Marggraue zu Meissen vnd an seiner gnaden Rethe
getragen, hatt mir Doctor Johann Zwickaw seiner
gnaden

gnaben Cantzler In foller macht meines gnebigenn
Herrn befehl gethan dem Ehe genanten Richtere solch
Lin zu thun vnd ein Lehen Briff doruber gebenn Also
lelhe Ich obgenanter George karaß In foller macht
meines gnedigen Herrn mit krafft deß briffs dem offt
genanten Nickel Richtere zu Irrenbg° vnd sein Erben daß mehr ernante Lehnguth vnd freygerichte zu
Irrenbg° mit aller seiner zugehorunge doselbist gelegenn nemlich vier Ruthen Ackers drey Ruthen Bey peter Adulffs erbe vnd eine Ruthe bey Jorge Hantzsch
och Drey mölen die ober die Mittel vnd die Nider vnd
mit zwey Erben die itzundt besitzen vnd inne haben
Guntter muldern mit einer halben Huffen Thomas
schrötter mit dreyen Ruthen Ackers die do alle mit ihren Zinßen vnd robotten zu demselbigen gerichte geho-
ren Geliehen habe reiche vndt Lene In krafft diß briffs
dem obgenanten Nickel Richteren zu Irrenbg° vnd
sein erben daß Benante Lehngut vndt freygericht, mit
aller seiner obgenanten zugehorunge nichsig dovon ausgeschloßen In allen sein vier reyn als vor albers gelegen Ist mit allen gnaden freyheytten vnd rechten
Also daß zu einem rechten Lehngute vnd freygerichte
erplich zue besitzen gebrauchn zu gnissen vor idermen-
lich eintrag idoch vnschedelich meines gnedigen Herrn
anwarthunge och den Lehn eine fulge zu thun Alß offte
alß daß zu falle queme nachdeme als solch Lehngut vnd
freygerichte off In geerbet Ist nichts mehr hinderstel-
lig zu laßen nach allem Laude vndt Innehalt Alß die
sein vor ihm In besitzt vnnd ubunge Inne gehabt haben, och sol vnd magk Nickel Richter zu Irrenbg°
frey bier schencken haben Achtag vorm Dinge vnd achtag darnach vnd auch Achtag vor der kirmiß vnd Achtag darnoch Alß daß vor albers gewest Ist Daß zu
waren bekentnuß habe ich obgenanter George karaß
b 4   In

In voller macht meines gnedigen Herrn mein angebo-
ren Siegel onden an dißen offen brieff gehangen der
do Gegeben ist off dem schloß Hohnstein nach Gottes
Geburth Tausendt vierhundert danoch der minder
Zaal im Ein ond Neunzigsten Jar am Tag der Seligen
Merterer Fablann onnd Sebastian.

9.

Nach Christi Geburt, Ein Tausent vierhundert darnach der minder Zall, im Ein ond Neunzigstenn Jahre, An der Mittewoche nach dem Sonntage Quasimodogeniti, nach entpfilniß der Erlauchtenn Hochgebornen, Fürsten ond Herrn, Herrn Georgenn, Herzogen
zu Sachßen, Landt Grauenn in Döringen, onnd Marg-
grauen zu Meissenn rc. Ist vor mich George Cariß
die Zeit Ambtman zu dem Hohnstein, ein freund-
licher, ond Gunlicher Tagk, durch die Gestrengen
onnd Vehsten, Nicol vonn Hermsdorf zu der Po-
lentz, Hanns von Hermsdorf zu Berttelsdorf, onnd
die Zeit die Fraw vonn Burckersdorf, Christof Lot-
titz nachgelaßen Wittibwe, onnd andere Manschaft
mehr, of einen Teill, onnd zwischen der Stadt Nawstadt, Burgermeistern, Rahdtmannen, ond der gantzen gemeine, of dem andern Teill, der Irrungen ond
Zwitracht halben, die zwischen ihnen, der Schafftrift
der Mahnschaft, of der Stadt Ecker onnd gutter, die
sie dann in langer gebrauchunge, ond mannigfaltig
sie bedrenget habenn, Ist in der forma onnd gestalt
geschieden, ondt betediget alßo rc. Das die Manne
ihre Trifft onnd obunge, die sie vor Alters herr gebraucht habenn, anhebenn sollen, of der Stadt güt-
tere Am negsten Tage nach Martinj, ond treiben bis

of

vf den Montag nach Palmarum ꝛc. Alßo den, so sollen die Erbar Mannschaft, mit ihrer Trifft, die Stadt
noch ihre guttere, nicht lenger bedrangen, Auch mitler
Zeit sollenn die Scheffer der Manneleuthe, der Stadt
guetter, vf ihrer Saat, frautt gärttenn, keinen Schaden, noch gedrengniß thun, wo das aber von ihren
Schefern geschehe, alßo den, so sall derselbige Mahn,
zu dem Erbarn Manne gehen, das Scheffer einen Schaden gethan hat, den Scheffer beclagen, denn nach
wurbunge, vnd erkenntnus der Erbarnmannes, vnd
des Rahbes der Stadt, soll der Scheffer, dem der
Schaden geschehenn ist, vorgenugen vnd beßalen, in
vierßehen tagenn nach der billigkeit, Item es ist betediget, das alle gebrauchunge, alßo wo einem manne
aus der Stadt, vf der Erbar Manne gutter, von einem mögen erlangenn, alßo graß, holß, vnd andere
notturft, bey den ihren, darburch der Manne gutter
nicht mercklich beschediget möchtenn erkant werden,
Soll deme aus der Stadt vngeweret bleiben, Ausgeschloßenn, ob jemandes mit einem zur helffte sehen,
aber wie ds vorgenommen möcht werden, soll vf keinem Teil gestabt werden, noch vergunst, Sondern in
aller alter gebrauchunge, wie sie bey einander vor Altters, ihrer Elternn geseßen, Soll bey ihnen nachmals
gebraucht vnd befunden werden, Das solches vor mir
betebiget vnnd vf beiden theilen verwilliget, stet vnnd
behst zu halten, habe ich obgenanter George Cariß,
Ißlichenn Teill, einen ausgeschnittenen Zettel geandt-
worttet, vnnd mein Peßschaft zu ende dieser Schrift
vfgedruckt. Datum ut Supra.

10. *)

George von Gottes Gnaden, Herzog zu Sachsen ꝛc.
lieben getreuen; Wiewohl wir dem Rathe zu Pirna,
auch unsern lieben getreuen, den Tag auf heute, als
Donnerstag nach Cantate, der Gebrechen halber zwischen ihnen und euch vor uns zu erscheinen abgesagt,
und auf eine andre Zeit bestellt, sind sie doch ihrer Be-
dürfnisse halber vor uns erschienen, und haben uns in
Unterthänigkeit Bericht abgestattet, wie ihr unsrer besiegelten Verordnung, die wir vormals zwischen euch
beiderseits veranstaltet, in gar keinem Stücke und Artickel nachleben und nachkommen sollet, welches ihnen
zum merklichen Schaden gereichet. Und besonders
hätten eure Einwohner zu Wehlen, ohngeachtet ihnen
das Aufhören des Brauens wäre angekündiget worden, einige Biere als in der heiligen Marterwochen
und itzt nach Ostern gebrauet, und, ohngeachtet des
Verbots in unserm Vorbescheid, öffentlich an Fremde
verkauft; Ferner sollet ihr euch auch des Salzmarkts
in Wehlen befleißigen. An allen dem tragen wir gar
keinen Gefallen, sondern begehren vielmehr von euch
ernstlich ihr wollet euch an die vorgeschriebene Verordnung halten, und sonderlich des Salzmarckts bis zum
Verhör und Handlung des aufgesetzten Tages, wie
ihr uns denn auch zugesagt, nicht gebrauchen; Auch
das Bier an Fremde wider die Entscheidung nicht ver-
käuflich laßen. Sind aber nun einige Biere in der
verbotnen Zeit von den Eurigen gebrauet, so wollet
ihr veranstalten, daß solche Biere in Fäßern bis zur
aus-

*) Die Anmerkung bey der ersten Urkunde gilt auch bei
dieser.

ausgemachten Sache eingelegt und zurückgehalten werden, und daran nicht anders thun. Dadurch geschieht
unser ernste Meinung. Gegeben zu Dresden am Don-
nerstage nach Cantate im Jahre 1509.

II.

Wir Hanß Friedrich Wolff vonn Salhausen gebruder auff der herschafft Tetzschen vnd zu Weblenn gesessen, Bekenne vor vns vnsere Erben vnd nachkommende, vnd thun kundt ann diesen offn brieffe, vor al-
lermennigklich die in sehen, oder horen leßen, daß
wier mit des Durchleuchtigsten hochgebornen Fürsten
vnd Herrn, Herrn Georgen zu Sachsen Landtgraffe
in Döringen vnd marggraffe zu meissen vnsers gnedigsten Herrn vorgunst vnbt zulassung, vmb ann einer
vleissiger vnd getreuer dienst willen, die uns der vor-
sichtige Pauel Meißner, Burger zu Pirn, offtmals
scheinbarlich vnd mannigfeltig bißher guettwillig gethan,
auch treylich thuet vnd in zukunfftigen Zeiten, vns
vnsern Erben vnnbt nachkommende noch thun soll, vnd
magk, denselbigen Paull Meißnern, Margarethen,
seiner ehelichen Haußfrauen Ihrer beiden Erben, vnd
Erbnehmen, Manns vnd weiblichs geschlechte, ein
Hauß in der poste, Jnn der weblischen pflege, daß
vormalß Hanß Karlebitz besessen gebraucht, vnd genossen, vnd wihr nun solch gut erkaufft, vnd an vns
gebracht, mit zweyen beyliegenden gärthen, Einen
steinbruch, auff allerley steinwerk, wiesen, wissenwach-
sen, holzern, Puschen, wehren, weiden, wasser, wasserleufften, heltern, Jagten, Erbgerichten, im hause
vnd felben, vnd ahn allen enden, so ferne dasselbige
guet in seinen Reinen begrieffen ist, gewanheiten, vnd
gerech-

gerechtigkeiten, nichts außgeschloßen, Sondern in al-
lermaffen, wie wir baß gehabt vnd gebraucht, Erblich
geeigendt gegeben vnd geliegen haben, vorzeigen vnns
aller gerechtigkeit fo wier daran haben, unb gehaben
möchten, Gentzlich vnd Jahr freyen vnd entheben,
Sie auch aller Dienfte herfart, Folge vnd ander gerechtigkeit, fo wier darauf gehaubt haben, nichts auß-
gefchloffen, alß wir auch Regenwertiglich mit vnd in
Crafft diefes brieffes eigen geben Reichen, vnd leihen,
daffelbige gutt alfo frey, leben von vns vnfer nach kommende hinforder vnd zu ewigen Zeitten, zu haben, zu
befitzen, zu genieffen vnd zu gebreuchen Den Lehen fo
offte die zu falle kommen Recht folge thun, die auch
wier, vnfer Erben, vnd nachkommende genanntter Paull
Meißnern feiner ehelichen Hauß Frauen ihren Erben
vnd Erbnehmen, manlich vnd weiblichs gefchlecht, zu
ietzlichen geburlichen Zeitten ohnne wegerunge vnde allen auffatz, Reichen vnd leihen wollen vnd follen,
Wier vielgemeltten Hanß Friedrich Wolff von Sal-
haufen, vor vnns vnfer erben vnd nach kommende gereden vnd geloben in Crafft diefes brieffes, Paull
Meißnern, Margaretha Seiner ehelichen Hauß frawen
Ihren beyden erben vnd Erb nehmmen, Diefer vnfer
gabe, einne Rechte volftendige gewehre zu fein aller anforderung vnd Anfpruche zuvor tretten, Sie Bey diefer unfer haben Ihre Gerechtigkeit Regen Jdermennig-
lichen zu fchützen, vnd zu handthaben, auch diefe vn-
fere verfchreibung alles inhalts vnvorbruchlich zu halten Treulich vnd vngefehrlich darbey feint gewefen
vnd gezeugen der Geftrenge vnd Ehrenuefte Ewalt
von Ende vnd Erbarn vnd Vheften, Melcher Kor-
bitz, George von Rottfchitz, die Zeit Ambtmann vf
Wehlen vnd Chriftoff Zeigeber von Pilnitz, zu vr-
kunt, vnd stetter haltunge haben wier vnfer Jtzlichen
Die-

Diesen vnsern Brieff mit seiner eigen Handt vnderschrie-
ben, vnd vnser Jnsiegell daran wissentlichen lassen hengen der geben ist auff Wehlen den Montag nach) Luciæ
Jungfraw nach) Christj Geburt vnsers lieben Herrn
Tausset funff hundert vnd in funffzehenden Jahre.

   Mein Handt Hanns von Salhausen
     hier vnderschrieben
   Friedrich von Salhausen
     mein Handt hier vnderschrieben
   Meine Handt Wolff von Salhausen
     hier vnterschrieben.

12.

Wyr Ernst zw prage vnnd Meyssenn Thumprobst
Wolff vonn Schleinitz vff Hoennstern vnnd Schluckenaw gebrudere auch in nahmen Cristoffs, Hannsen, vnnd Georgenn vnnser leyplichenn Brueder, Bekennen vnnd Thuen kundt gegen mennigklich, das
wir vff vleyssige Bethe des Erbarnn Georgen Libe-
naws vffnu neitberge zcur Sebenitz, vnnsers liebenn
Getrawenn, Der Erbarnn Tugent hafftigenn frawenn
Elizabet seiner Ehelichenn hausfrawenn, Diese nachgeschriebene gütter Jn der Herschafft Hoensteynn gelegenn, von vns vnnd vnsern Bruedernn zw lehenn rurende, Nemlich den Sitz zcur Sebenitz vffnn neitberge mit deme forberge doselbst, das halbe Teill, am
Dorffe zw Hermßdorff dorJnnen neun Bawern, ein
gerttener mitt der halben mulhen vnnd halben gericht-
ten doselbst, mit aller Obirkeit, Herlickeitt, nichtes
awsgeschlossenn, Sonder Jn aller massenn Gedachter
george Liebenaw Solchenn Sitz Ackerbawe forbergk
vnnd das halbe Dorff Hermsdorff, halbe mulhe, vnnd
             halbe

halbe Gerichtte vor alders gehaldenn, gebraucht hatt,
mit allenn vnnd yßlichenn Zcinsenn, Renthen, geschof-
senn, Erenn, nußen, freyheittenn, gerechtikeittenn,
gewonheitl, hofedinsten, weldenn, Holßern, Puschen,
Streuchern, Hoen vnnd nydernn Waffern wafferleufft-
tenn, Eckernn, wiesenn, Wießewachs, Teichenn,
Teychstettenn, weyhden, Trifftenn, herlikeittl, genief-
senn, Altherkomen, vbungen vnnd allenn andern Ein
vnnd zugehorungen, nichtes dauon hindangefaßt,
Sonder In aller maffenn, als dys Alles In seynen
vier Reyhnen vor alders gelegenn, vnd begrieffenn
vnnd Er vonn uns zu lebenn Inne hat, befißt, geneuft
vnnd gebraucht vnnd Er vor vns willigkiichenn, vff-
gelaffen vnnd nach Landesgewonheit wibder angegrief-
fenn hatt, Dys mit vorwilligung der Erbarnn auch
vnnsern lieben Getrawenn Balßarn, Cristoff, Hann-
fes vnnd Nickelln, seiner leiplichenn Brüder, zu Eynem Rechtten Leipguthe, bekandt gereicht vnnd geliehenn habenn, Souil vns dis zuthun zw Rechte geburet, Bekennen, Reichen vnnd Leihenn keinwerttig-
klich In vnnd mit Crafft diß Brieues, bescheidelichenn
alfo, were es das Obgenantte fraw Elisabeth Jres
Ehelichenn mannes Todt erlebenn wurbe, alsdann vnnd
eher nicht, Sollenn Jr die obgedachten gutter, mit
allem Jrem Eyn vnnd zugehorenn, nußungl, gerech-
tigkeittl vnnd rechten zw Eynem Leypguthe zw yrenn
Lebetagenn folgenn, dye Einzunehmen, Inne zu habenn, zu befißenn, zu genieffenn vnnd zu gebrauchenn,
vnnd domit sich zu haltenn als Leibguth Recht vnnd gewonheit, vonn mennigklich doran vngehindertt, Dach
vns, vnnsern Bruedern an Ritter-Dynnsten, gerech-
tickeittl vnnd sunft yderm an seinem Rechttl vnscheblich,
vnnd dys sonnderlich Dieweill Sie yrenn Wittwen
stulh nicht vorruckett, Were aber Sache, das Sie denen

nen vorrucfte, yre findere aber andere Georgens Liebenaw Brüeder bey ynen Im gutte sie nicht erbul-
denn, Sie auch nicht darJnne bleybenn wolbe, Sollen Solliche Jorgens Liebenaw Leibeslehens erbenn
aber Brüder macht habenn vnnd mogenn mit zweyhundert Reynischer gulben Landiswerung yres gefallens daraus zuuergnügen, welliche zweyhundert gul-
benn vilgedachte fraw Elße werdt sollenn vnnd mogenn
macht vnnd frey habenn yres gefallens wenden vnnd
feren, von mennigflich vnuorhindert, vnnd Geben yr
borüber zw fürmunden, Die Erbarenn vnnd vhestenn,
Albrecht Doringf zw Schonaw vnnd Cristoff Beill
zu Proßenn gesessenn ouch vnnsere Liebenn Getrawen,
dy Sie in vnnser Stadt bey Sollichem Jrem Leibgu-
the aber geborender gerechtifeit, So vffte vnnd dicfe
Jr dys nodt thun abber sein wirdt Handthabenn,
Schußenn vnnd vertebigenn sollenn, Trewlich vnd
vngeferlich, Hierbey sein gewehst der wirbige Herr
Caspar Pynsch, Pfarrer alhier zum Hoennstein vnnd
der Erbar Hans von Griesheim och andere gnugsam
glaubwirbige, Zw vrfunde habenn Wir Obgeschriebene
Ernst zw Prage vnnd Menssenn Thumprobst Wolff
vonn Schleinis vff Hoenstl. ꝛc. gebrübere Dysenn
Brieff vor vns, vnd andere vnnsere Bruedere mit vnn-
seren anhangenden Sigillen gezeichent vnnd befreff-
tiget, gescheen vnnd gegebenn vff Hoennstein, Am
Tage Dorothee der Jungfrawenn, Jm funffzehenn-
hundersten vnnd Zwanntzigistenn Jaren.

Wyr Ernst Herre von Schonburgf Herre zu
glauchaw vnnd waldenburgf ꝛc. vor vnns vnser Erben vnd nachfomen befennen, das wir biesen Georgen von Liebennaw Elichen weybs leybgebings brieff
Jn allen seynnen articfeln worten vnd punctten nichts
außgeschlossen hiemit wollen vernawet confirmirt Jn
aller

aller maße wie der Lauth bestetiget, vnd alßo darein gewilliget haben, Zw Vrkhunde haben wir vnser Insiegell vnten an dyesen Brieff laßen hengen geschehen freytags nach Sant Margareten tagk, Anno Dñi rvC. rrvjtl Jarenn.

13.

Von Gottes Gnaden Wir Georg Herzog zu Sachßen Land Graffe in Düringen vnd Marggraffen zu Meißen, Bekennen vnd thun Kund hiermit, alß sich zwischen vnsern lieben getreuen den Rath zu Pirnaw an einem, den Leuthen zu Schandaw am andern, vnd den zur Newstadt vnd Sebenizs am dritten theile, der Außschiffung halber Irrunge vnd gebrechen gehaiten, vnd wir dieselben nach nothdurfft gehört, haben wir Derselbigen gebrechen halben zwischen aller bestimpten Partheyen nachfolgender meinunge einen schied auffgericht, Nemlich nachdeme vorschiener Zeit vnser Groß Vater löblicher Gedechtnüß Herr Friederich Herzog zu Sachßen re. durch den Ehrwürdigen in Gott Vater Herrn Casparn etwa Bischoffen zu Meißen seliger vnd Andere so seine Liebe darzu verordnet eine ordnunge auffgericht, wie es mit der Außschiffung zu Schandaw sol gehalten werden sol Dieselbige Ordnunge an ihr selbst Krefftig vnd beständig bleiben auch vnverbrüchlich gehalten werden, Alß aber die von der Newstadt vnd Sebenizs beclaget, daß sie durch die von Schandaw allenthalben zu ihrer Notburfft mit getreyde nicht mochten verforget werden, Soll mann bemelten von der Newstadt alle Jahr Achtzig vnd den von der Sebenizs Siebentzig scheffel getreyde, daß sie daßelbe getreyde selbst ihm Lande zu Behmen, oder wo sie es

am

am bequemſten zu bekomen wißen, zu ihrer Nothdurfft Kauffen vnd alba ausſchiffen mögen nachlaßen. Doch alſo das ſie Keinen eigen Kahn oder Schiff haben, ſondern angezeiget getrelde, auff der von Schandaw Kahn oder Schiffen, die ſie Jhn darzu leihen vnd vergonnen ůmb ziemlichen Lohn ſollen geſuhrt werden, Es ſollen auch die von Schleinitz alß beſizer vnd Jnhaber des Honſteins fleißig achtung darauff haben vnd geben Daß derſelbigen alten auch dieſer vnſer ordnunge gäntzlich vnd vrlverbrüchlich nachgegangen werde, vnd ob ſich iemands dieſelbige zu vbergehen vnterſtünde denſelbigen vnnachleßlich ſtraffen, Ob ſie aber ann ſolcher ſtraffe nachleßig befunden, So wollen wir vnß dieſelbigen Vbertretter ſelbſt zu ſtraffen auch dieſer ſchieb zu ändern zu beßern oder zu mindern vorbehalten haben, Alles getrewlich vnd vngefehrlich, Zu vrkund vnd ſteter Veſter haltunge haben wir dieſen Schieb, den allen obgenantten theilen bewilliget vnd angenommen mit vnſerm Zurůck offgedruckten Secret beſiegeln laßen, Der gegeben iſt zu Dreßden Montags nach Thomae nach Chriſti vnſers Herrn Geburth 1522. Jahr.

14.

Wir Wolff vnd Ernſt, gebruedere, Herren von Schonburgk, Herren zu Glauchaw vnd Waldenburgk ꝛc. bekennen vor vns, vnſer Erben vnd Nachkommen, offentlichen in dieſem Brieffe, Nachdeme, Als vorſchiener Zeitt, die Geſtrengen vnd vbeſten, Hans Friederich vnd Wolff von Salhauſen, gebruedere, mit wolbedachten muthe vnd zeitiger vorbetrachtung, Auch mit des Durchlauchten vnd Hochgebornen Fürſten vnd Herrn, Herrn Georgen, Hertzogen

c　　　　　　　　　　　zu

zu Sachßen, Landtgrauen in Thuringen vnnd Margk-
graffen zu Meißen, Vnsers gnedigen Herrn, Als
Landsfürsten, gnediger zulaßung vnd bewilligung,
etliche Jhre guether, in die Pflege Wehelen gehörig,
Nemlich ein Hauß in der Pofie gelegen, das etwa
Hans von Karlwiz innegehabt, beseßen vnd gebrauchet hatt, mitt zweyen beyliegenden Gärthen, sambt
einem Steinbruch auff allerley Steinwerk, mit Wiesen, Wiesenwachß, Hölzern, Puschen, Wonnen,
Weiden, Waßer, Waßerlaufften, Heldern, Jagten,
Erbgerichten, im Hauß vnd selbe, vnd an allen enden, so fern daßelbe guth in seinen Vier Reinen begriffen ist, Darzu ein Wiesen, die vormals zu dem
Forberge Mogkenthal gehörig gewest, mit einem
Steinbruch auf allerley Steinbergk, Holzern, Puschen
von Krotenstein biß an die Steinne Marter, Wonnen,
Waiden, Waßer, Waßerlaufften, heldern, haseniagten, Schafftrifften vnd Erbgerichten, an allen enden,
so fern dieselbige Wiesen, Steinbruch vnd holzer, in
ihren vier Reynnen gelegen vnd begriffen sein, mit gewonheiten vnd allen gerechtigkeiten, nichts außgeschloß-
sen, Sondern inn allermaß die obgemeldten vonn
Salhausen die iztbestimbten guether erkeufft, gebraucht vnd inne gehabt, dem Erbaren Paulen
Meißnern, burgern zu Pirn, vmb seiner getreuen
vleißigen vnd erzeigten Dienst willen Auch mit Jhme
der Tugendsamen Margarethen seiner Ehelichen hauß
frawen, Jhrer beider Erben vnd Erbnehmen, Menlichs vnd Weiblichs geschlechts, Erblich geeignet, gegeben vnd vorliehen, Sich auch aller gerechtigkeit, so
dieselbigen von Salhausen an denselbigen guethern gehabt, genzlichen vnd gar vorziehen, vnd gemeldten
Paul Meißnern, Margaretha sein Eheliche hauß
fraw, Jhr beider Erben vnd Erbnemen Menlichs
vnd

vnd Weiblichs geschlechts, Aller dienste, heerfarth,
Volg vnd gerechtigkeit Allenthalben gefreyet vnd ent-
hebt haben, Dieselbigen ietzt bestimbten guether, Als
freye Lehen von den gemeldten von Salhausen, vnd
ihren Nachkommen, zu ewigen gezeiten zu besitzen, inne
zu haben vnd zu gebrauchen, vnd den Lehen, so offt
die zu falle kommen, rechte folge zu thun, wie dann
gemeldter von Salhausen Lehenbrieff, sambt der obbestimbten Fürstlichen vorwilligung, solchs mit weittern
Wortten klerlichen Auswcisen vnd inhaltten, Weil
aber wir obgemeldten Wolff vnd Ernst gebruedere
Herren von Schonburgk rc. solch vorbestimbt Schloß
vnd guethere Wehelm von den von Salhausen durch
einen rechten volstendigen Erbkauff an Vuß bracht vnd
erkaufft, die auch von hochgedachten vnsern gnedigen
Herrn, Hertzog Georgen zu Sachssen rc. Als Landsfürsten, in Lehen entpfangen haben, Sein wir, als
solcher guethere Lehnherren von vielgedachten Paul
Meyßnern angesuchet, mit erbietung vorberurter seiner Lehenstück, wie sich gebuhret, Lehensfolge zu thun,
Vnbertheniglich bittend, Ihme vnd seinem Weibe,
vnd ihrer beider Erben, solche guether gnediglich zu-
uorleihen Darumb haben wir offtgenannten Paul
Meißner, Margarethen seiner Haußfrawen, vnd
ihrer beider Erben vnd Erbnehmen Menlichs vnd
Weiblichs geschlechts, solche ihre guether, wie Ihnen
die von denen von Salhausen Erblich geeignet vnd
vorliehen sein, Auch gnediglich vorliehen, Als wir Ihnen auch die hiemitt in krafft dieß Briefes vorleyhen,
die hinfurber von vnß, vnsern Erben, vnd Nachkommen, zu lehen zu haben, zu besitzen, zu geniessen vnd
zu gebrauchen, vnd wie sich gebuhret, damitt zu haltten.
    Wir obgemeldten Wolff vnd Ernst gebrueder,
Herren von Schonburgk vor vns, vnser Erben vnd

Nach-

Nachkommen, bewilligen auch hiemitt in krafft ditß
Brivues, das wir gemelden Paul Meißnern, Margarethen, seiner Ehelichen haußfrawen, Jhrer beider
Erben Menlichs vnd Weiblichs geschlechts, solche ob-
berurte Lehenstucke vnd guether, so offt die zu falle
kommen, zu itzlicher gebuhrlicher Zeit, ane Wegerung
vnd an aller Aufsatz, reichen vnd leihen sollen vnd
wollen, Treulich, vnd vngeuherlich, hierbey sein gewest Als gezeugen, die gestrengen Vhesten vnsere be-
sondere, George von Karlwitz, Haubtmann zu Radebergk, Caspar von Schonberg zu Sachßenbergk,
vnd andere mehr der vnsern glaubwirdig genug.

Des zu vhrkunde haben Wir obgedachte Herren
von Schonburgk, gebruedere ꝛc. beide vnsere Angeborne Jnsiegell, von vnß, vnsere Erben vnd Nachkommen, wissentlichen an diesenn Brieff hengen lassen,
Geschehen vnd gegeben auf vnserm Schloß Glauchaw,
nach Christi vnsers lieben Herren geburtt Tausent,
funffhundertt, vndt im Drey vnd Zwanzigsten Jhare,
Montags nach dem Sonntage Judica in der heiligen
Fasten.

15. *)

Wier Ernst zue Prage vnnd Meißen Thumprobst,
Wolff, Christoff, Hanns vnndt George von Schlei-
nitz offn Hohnstein vnnd Schluckena Gebrüedere,
Bekennen vor vns Vnsere Erben vnndt nachkommende
Besitzere der Herrschafft Hohnstein, daß für uns kom-
men

*) Diese Urkunde ist von einer vidimirten Abschrifft des
Originals aus einem Stück Akten genommen, die nicht
vollständiger war.

men feind Vnsere Liebe getreue, die Meister Leinweber
Handtwergks zue Neustadt ꝛc.

Vnnd vff daß solch Handtwergk vor frembden vnndt
vnser eigene Leuthe desto weniger beschweret werden,
Wollen wier daß nun hinförder in allen Vnsern Dörffern in der Hohnsteinischen Herrschafft kein garn anders, denn in denen flecken die Stadt recht hoben, gegen Hohnstein gehörende vf ihre rechte gewöhnliche
marcktage soll verkeufft werden ꝛc.

So auch gemelte Handtwergksmeistere werden Befinden, daß vber diese vnsere befreyhung in Dörffern
garn Vorkaufft wurde, Deß sollen sie Vnß oder Vnser Ambtleuthe ansagenn, Die solche vnsere befreyhunge
vbertreten straffen vnndt der mißbrauch allzeit abschaf-
fen sollen vnndt wollenn ꝛc.

Geben offnn Hohnstein, noch Christi Vnsers Lieben Herrn geburth, Tausendt Funffhundertt vnndt im
Vier vnndt Zwenzigsten Jahre, am S. Mattheustage
des heyligen Zwölff bothen vnndt vier Evangelisten.

16.

Jch Anntbonius vonn Hermstorff offnn Hoennstain Ambtman Bekenne vnnd thue kunt vor iberme-
nigklich, das ich dem Namhaftenn paull pelingk zw
Saupsdorff, Seynenn Erbann vnndt nachkommen
auff seynn vleissigk vnnd bitlich ansuchenn eynn stuck
Wasser dye Kirnitzsch gnnannt ann deme orth do es
arsthners höle gnannt annzufahenn bis an ziegenn
grunt, nach anzeichung eyner gelochtertenn tannenn
reichende mith der fischerey, aller vnnd izlicher freybeit

c 3   vnnd

vnnd gerechtikeit mit sampt denn einlauffenndenn Was-
sernn, Inn aller maße Wie Hanntzschel fischer zw
Hermstorff, desselbigenn zw seynem bestenn nutz hat
zugebrauchenn wissenn, doch nicht ferner dann nach
vormoge eyner vorschreybung, So etwann von Herr
heinrichen vonn Schleynitz Obermarschalh doruber
gegebenn vnd voltzogenn ist Welche ich auch hiermit in
allenn iren puncktenn vnnd artickelnn wil vornewet bestetiget vnnd bekrefftiget habenn Vbirreicht vnnd vor-
liehenn habe, Reiche vnnd Leyhe ehegedachtenn paul
pelingk seynenn Erbann vnd nachkommenn berurt stuck
Wassers wie obgemelt gegennwertigklich mit der fischerey dorinnen nach besagung vnnd inhalt der angege-
benn vorschreibung vnnd weiter nicht wie vor berurt
zugebrauchenn, souil mir Ampts halbenn vonn wegenn des Wolgepornenn Edelnn Herren, Herrn Ernnsts
vonn Schonnburgk, Herrn zw glauchaw vnnd Waldenburgk m. g. h. dorann zuuorleihenn eignen vnnd
gepuhrenn wil Des zu meher vnnd glaubhafftiger vrkund habe ich vorgemelter vonn Hermstorff dießenn
brieff mith meynem hieruntenn auffgedrucktenn petz-
schafft wissentlich thun vormerckenn Geschehenn vnnd
gebenn zum Hoennstain Montagk nach palmar Ihm
xxjuten Ihare.

17.

Wyr Ernnst Herre vonn Schonburgk, Herre zw
Glauchaw vnnd waldenburgk ꝛc. Bekennen vor vnns
vnser Erbez vnnd nachkomen, vnd thun kunth an
diesem Briue alllrmennigklich dye den sehenn horen
aber lesenn das vor vnns erschynnenn ist der Erbar vnd
vheste, vnser lieber getrawer, George von Libennaw,
vnns

vnns mit bleys gebethenn, Jme vnd seynnen rechtenn
leybs lehns Erben das dorff Hermstorff auch eyn
wyeße obendig der Nawstadt, den Hoff vnd forwergk
Neitperk vber der Sebenitz, Darzu dye pfeyffer wyeße Obendig der Sebenitz, vnter dem welde gelegenn,
mit dem waſſer gnañt dye sebenitz, irer viſchereyen,
von der Stadt Nyderwarts der Sebenitz biß an
Heynnerstorff, alles Jn vnser herrſchafft Hoenſteyn
gelegenn, gnedigklichen geruhten zu leyhenn, Vff sulche seynne vleyſſige Bethe auch getrawer Dienſte willen, dye vns gedachter vonn Libennaw gethan, auch
hinfurder von vnnſern Erben vnd nachkomen thun ſaß
vnd magk, haben Wir Jme vnd seynnen rechten leybs
lehns Erbenn Obenbeſtymbte guthere, Nemlich das
Dorff Hermstorff mit Zinnſen, geſchoſſen, Eckern,
Wyeſen, Fronen, Dienſtenn, teichen viſchereyen,
Waſſer, Waſſerlaufften, gerichten Oberſten vnd Nie-
derſten, darzu dye Wyeße Obendig der Nawstadt mit
allem rechten Eyn hoff vnd furbergk Neytpergk vber
der Sebenitz mit allen Zinnſen, Eckern, Wyeſen, pu-
ſchen, Byhetriefften, pragen, grunden, Waſſer, Waſſerlaufften vnd der pfeyfferwyeße obir der Sebenitz,
vnter dem walde gelegen, mit dem waſſer genant dye
Sebenitz, Jrer Viſchereyen von der Stadt Nyderwarts biß an Heynerstorff, mit ſulcher Eren, nutzen,
wirden, freyheiten vnnd zugehorungen gar nichts auß-
geſchloſſen, Sundern in allermaſſen er dyſelbigen gutter von Herrn Heinrichen von Schleynitz Obermar-
ſchaſß Seliger gedechtnus vnd hernachmals von seynnen Söhnen zw Lehn redelichen herbracht, Jnnegehabt vnd getragenn, Vnd damit nuhn forder durch
eynen volſtenbigen rechten Erbkauff, ſo wir mit dene
vonn Schleynitz an der herſchafft Honſtein gethann,
an vnns vnd vnſer Erben komen vnd geweyſt wurden,

ju rechten Mannlehen gnebigklichen geraycht vnb geliehen haben mit allem rechten, ßo uiell vns baran zu-
uerlepben geburtt, Raychen, bekennen vnb lephen ge-
genwertlgklich mit vnb in krafft dieß vnsers briues
gemelten Georgen von Libennaw vnb seynnen Rechten lepbs lehns Erben, dye Obenangejceigten dorff,
hoff, furbergk, mit Wnesen vnb anbern Obbestimbten
stügken, zusambt allem vnb ihlichem Jrer eynn vnnd
zwgehorungen, dye hinfober von vnnß vnsern Erbenn
vnb nachkomen zw rechtem Manlehen Jnne zw haben,
zw besihen, zw gebrauchen vnb zw gennesen, dye auch,
wye sich geburet, juuorbienen, vnb ben lehn, ßo offt
vnb byke dye zw Whalh komen rechte volge zu thun,
vnb sich bamit, wie obengeschrieben vnb sulcher lehen-
gutter altherkomen recht vnb gewonheit ist, zw halten,
boch vnschebelich vns an vnser Oberkait vnb gerechtig-
kait, Wyr haben auch Baltbasarn, Cristoffen vnnd
Hansen von Libennaw mit gnantem George von Libennaw Jrem Bruber sembtlichen belehnet, vnb be-
lehnen sye Sembtlichen gegenwertigklich Jn vnb mit
krafft dyts briues, boch bescheibentlich vnb alßo, wue
gebachter George von Liebennaw mit tobe vnb ane
rechte lepbs lehns Erben abgehen würbe, Alß ben vnb
nicht eher sollen sulche gutbere Obenangejceigt an benante seynne Brubere vnb Jre rechte lepbs lehns Erben komen vnb fallen, von vnns vnb Mennigklich vn-
gehinbert, dye sye auch alßbann von vns vnsern Erben vnb nachkomen zw rechten Manlehen guttere recht
vnb gewonheit ist, haltenn, Hierbey sein gewesenn
vnnb gezeeugen dye gestrengen Erbarn vnb Vehstenn
vnsere liebe besunbere getrawe vnb Dienere Rudolff
von Buenaw zw Drayßerkaw, Anthonius von
Hermstorff vnser Ambtman zwe Hoenstain, George
Hauffe vnb Caspar Stange, auch andere mehr der

Vn-

Vnsern glaubwirdig gnügf. Zw Vrkhunde haben Wir obgemelter Herre vonn Schonburgk ꝛc. vnser ange-born Jnsigel an dysen brieff wissentlichen hengen la-ssenn, vnd gegebenn vff vnserm Schloße Honstain nach Cristi vnsers lieben Herren geburtt, tausent, fünff hundert vnd sechs vnnd zcwenzcigsten Jaren, freytags nach Sant Margarethen tagk der heylligen Jungkfrawen.

18.

Am Tage Sancte Anne des xvC vnd xxvj Jhares, haben wier nachbeschriebenen Rudolff von Bónaw Rytther vndt hoff meister, Jorge von Karlwiz, Ambt-mann zu Radebergk vndt Jnnocentius von Starsche-del hoff Marschalch, alß hendeler, Zwischen den Ed-len vnd Wohlgebornen Herrn, Erneften vonn Schon-burgk Herr zu Glauchaw vnd Waldenburgk an ey-nenn vndt der Ehrwirdigen, Edlen vnd Ernuhesten Herrn Erneften von Schleiniz zw Prage vndt Mei-ßen, Thumb Probst, vnd seinen Gebrüdern, vff Tol-lenstein vndt Schluckenaw, Anders theilß, Auch Herrn Ernesten von Schonburgk Vndterthanen zur Herrschafft Hoenstein gehórigk, ihrer gebrechen vndt Zwiespalt, nach folgendermaß guttlichen endtschieden vnd vertragen.

Demnach Herr Ernestes Heubtmann, den von Schleyniz Jhre Vndterthane hat Pfenden lassen, vndt Jhnen solch pfandt wieder geben ist, so soll es dabey bleiben, Doch daß der von Schleyniz Vndterthane hinforder, Herrn Erneste zu kayner pfenbunge vrsach geben, vndt dieweil sie vf beden Thaylen, der Zcolle halben vf der herschafft Schlockenav, Tholnstein, vnbt Hoenstein Zů nehmen Jrrig gewest, So sollen hinfúrder die von Schlernitz Herrn Erneften Vndter-thane kein Honstein gehórigk, waß sie hin vnd wieder tragen werden, Jn ihren Czollstedten mit nehmung des czolles verschonen, Was sie aber Treiben oder fueren, soll es mit Nehmunge des czolles nach alt Herkommen, Vbunge vnd gewonheit gehalten werden, Deßgleichen sollen der von Schleinitz Vnterthanen zur Herrschafft Schlockenaw vndt Cholnstern gehó-rig mith deme, das sie Tragen, Jn der herrschafft Hoenstein eynigen Zoll dorvon zugeben wiederumb verschonet bleiben, vnd die Vnderthanen beder Her-schafft sollen bey den alten czollstetten bleiben, vnd mit kyner Nawen bedrengtt oder belestiget werden; Nach-dem auch herrn Erneften, mith der Vberweisunge der herrschafft Hoenstein, die Czinße von dem Gersten-berge zugeweist, Wie sie denn auch die Besitzer vnd yrer Gůther in Allewege vor alttherkommen, solchen czinß, ken Hoenstein gegeben, So sall salcher czinß mit dem Guethe darein sie vor allters gehóret, Jnen ferder, von Herrn Erneste, vnd seinen Nachkommen-den Besitzern der Herrschafft Hoenstein vorliehen vnd genohmen werden, sunder verhunderunge der von Schleinitz, vndt ihrer Nachkommende. Es sollen auch die von Schleinix her Ernsts Vndterthanen an denn genieß des Gerstenberges, So weytt der berei-net dem Besiker werden sal, vnd von hern Ernsts Vnderthanen vor Alders gebraucht, keyne vorhinde-runge noch einhalt thuen, Jme auch darzu freye we-ge vnd stege vorgonnen Deßgleichen sollen die von Schleiniz, Jhrer Vndterthanen Zinße so viel sie der im Ambtt Hoenstein von Schluckenaw bißher vor langk weriger Zeit gehoben ohne vorhinderunge herrn Ernsts, hinfurder auch zu geben macht haben; Den

Holtz

Holz Kauff belangende, so den von Schleynitz zum
Hoenstein, noch hinderstendigk sein soll douor soll her
Ernest den von Schleynitz zl fl. vberreichen Vndt
was der Vbermaas zu seinen Nutz behaltenn, Vndt
die von Schleinitz sollen Herrn Erneste An solchen ge-
felten geholze vnd zimmern, hinforder gabr keyne ver-
hinderunge thuen; So soll auch her Ernest die von
Schleynitz, vmb das ausgeerbte vnd gefelte Zimmer,
was Jme doron mangeltt anczusprechen nicht macht
han, Die vj hocken Buchsen, den Steynern Tisch,
vndt das honigk, Sollen die von Schleynitz her Ernesten zw vberantworthen nicht schuldigk sein.

Waß auch durch vnß gedachten Hendlern, bey den
Vndterthanen der herrschafft Hoenstein, so viel die
Schulde, So ihnen die von Schleynitz verpflichtet,
anlangett, mith wießen vnd Willen der von Schleynitz vnd gedachter vndterthanen abgeredt, Waß die
von Schleynitz ihnen geben sollen, In Ordentliche
verzeichnunge brachtt, Daß sollen die von Schleynitz
den Armen Leuthen, nechstkommende Michaelis oder
Achtt Tage darnach, lautt vnd Jnnhalts der schuldt
verschreibunge beczalen vnd endtrichten, So viel noch
Jrrig stehett, vnd auch in Verzeichnunge brachtt ist,
was dieselbigen glaup würdiges anzuczaigen werden
wißen, Daß sich die von Schleynitz, Jrer Schuldt
errinnern können, das soll Jnen in mittler Zeit Auch
beczalet werdenn.

Widerumb sollen die Vndterthanen der herrschafft
Hoestein in benannter czeit sich In den dreyen Stedten, Hoenstein, Neustadt vndt Sebenitz, An welchen Ortte es Herrn Ernesten vndt denen von Schleynitz am gelegenesten sein wirdt, mit denen von Schleinitz berechnen, Vnd was sie Jnen schuldigk, nach red-
licher Anzeigunge, oder darzu sich die Leuthe bekennen,

Das

Das sollen sie denen von Schleiniz zwieschen hier vndt Michaelis bezahlen vndt entrichten.

Hiermit seindt die gedachtte Hern, vndt ihre Vnd-tertbanen, benannter Jrer Gebrechen, nach beder seits Verwilligunge vortragen vnd entschiedenn, Des zw stedt vnd vehster Haltunge haben die obgenannten, Erneft Herr von Schönburgk Herr Erneft Thumb-probft vnd Jorge von Schleyniz gebrueder Jre ange-bohrne pnczschier, zv Ende dieses Schits thuen auf-druckenn, vnd vnß obgenanndten Hendler alß geczeu-gen bittlichen vermochtt, Das wier vnsere pnczschiere, neben die Jren vffgedruckt haben, Geschehen zw Dreß-den Jm Jare vnd Tage wie oben vermeldet.

19.

Wyr Ernft Herr von Schonbergk Herr zw Glau-chaw vnd waldenburgk vor vns vnser Erban nach-komen vnd sonften vor menigklichen, mit vnd in krafft diß briffs bekennen vnd thun kuntt offentlichen Das wir vnsern lieben getreuen Andres richtern vnd seinen Menlichen leibs lehns Erben das freygerichte vnd lehn-guth zu Jrrenbergk Jn vnser herrschafft Hohnftein ge-legen mit aller seiner zugehorunge daselbften Nemlichen Vier Ruthen Ackers der dreye bey Georgen Hantz-schen Erbe vnd eine ruthe bey Balthasar Mitzscher-linng gelegen Auch drey Möhlen die ober die Mittel vnd die Nider mit zweyen Erban die izundt besizen Vndt Jnne haben Hans Drum mit einer halben huf-fen Hanß Hentze mit dreyhen ruthen Ackers die alle mit Jren Zünßen vnd Robotten zu demselbigen Gerichte gehören geliehen haben Reichen vnd leihen gedachten Andres richtern vndt seinen egenlichen Leibs Lehns

E✤

Erben Das genanthe guth vndt freygericht mit aller
seiner obgenanten Zugehorung nichts daruon außgeschloßen, Jn allen seinen Vier Reinen als das vor alters gelegen ist, vnd er das von Nickel richters Soh-
nen erkaufft mit allen gnaden freybeythen Vnd rechten
als das zu einem Lehnguth Vnd freygerichte Erblich zu
besitzen gebrauchen vnd zugenußen vor Jdermennigli-
ches eintrack, doch vnschedelich vnsern Erben oder nachkommen an der anwartung auch dem Lehen so offte die
zu falle komen rechte volge zu thun. Jn maßen er solch
Lehnguth vndt freygerichte in kauffweis an sich gebracht
vndt wir das seine vorkauffen zuvor Jn besitzt vnd
vbunge Junegehabt haben Auch soll vndt maaf, andres Richter zu Jrnbergk freye Bierschenken haben
acht tage vorm Dinge vnd achtage darnach auch Achtage vor der kirmiß vndt achtage darnach als das vor
alters gewest ist treulich vnd vngeuerlich, Des zu vrkundt haben wir ermelter Herr von schonburgk vnser
abngeborn Jnsiegell wissentlichen dißen brieff hengen
laßen vndt gegeben vff vnserm Schloß Hohnstein
nach Christi vnsers Lieben Herrn geburth tausend sunff-
hundert vndt Sechs vnnd Zwanzigsten Jahr Sondags
nach Jacobi des heilligen Zwelff bothen.

20.

Wier Ernst Herr von Schönburgk, zue Glauchaw
vnd Waldenburgk, thun Kund mitt diesen Vnsern
offenenn Brieffe, vor Vnß Vnser Erben vnd Nachkomen, Das wir auß sondern gutten willenn, denn
wir zu deme von Schleiniz, vff Tollensteinn vnd
Schlockenauw tragen, ihnen, Jren Erbenn vnd
Erbnehmenn Vorgunstiget vnnd zuegelaßen in Krafft
dieses

dieses Brieffes, ihre gewunnene vnd gebautte gütterr, so viel sie derselben, An getreidich, Wein vnd Vischen, vnd andern, waß sie deshalbenn aber hinförder eigeunthumblich erbauwen vnnd bekommen, von ihren Eigen Heusernn vnd gutternn, von Einem zu den Andern, oder auß der Kron Behemen in die Cron Behemen zu Waßer oder zu Lande, durch vnsere Herrschafft Honstein, doch den Pirnischen Schandischen Vertrage vnd außschieffunge, ohne schaden, zu Aller Zeitt, Zoll vnd geleitte frey zu führenn oder zu flößen, von vns Vnsere Erben vnd nachkommen vnvorhindert, Zue stedter Vhester halttunge, Trewlich vnnd ohne geferde, vnnd der Warheit zue bekentnus, haben wir obbenanter Ernst von Schonburgk Vnser Anngeborn Jnsigell An diesen Brieff wißentlichenn Thun hengen, Der Gegeben ist, Sonnabend nach Innocentij nach Christi Geburtt vnd im xxvj Jhar.

21.

Zuwißen das die Elbisten zu Ottendorff mit Nahmen Christoff Hempel Richter Nickel Virle Brosius Hille George Hempel Paulh Scherge, die alle Fünffe haben zu Gott vnnd den heillgenn vor denn gedinge zu Saupßdorff erhalden Dinstags nach Reminiscere Jnn xxxiij Jahre Das alle die Jnn Dorff Ottendorff wonnhaftig bleibenn, Wann sie sich nach Tobelichenn fahle oder sonst getheilet habenn der herschafft Nichts pflichtig seindt Ihr gewest, noch Jzo nicht seindt, wie andere Dorffer zu thun pflegen vnnd schuldig sindt, Theilschpülinge zu geben.

Wel-

Welches der wolgeborne vnnd Edel her Erneſt her vonn Schonburgk her zu Glauchaw vnd waldenburgk S. G. G. So ſolches die Eldiſtenn des Dorffs Ottendorff beypflichten vnd Aydenn, wie heute dato geſchehenn, erhaltenn vnd — — Dorffenn, konnen vnnd wollenn, zugeſagt, ſeine Gnaden habenn auch den Theilſchillinge zu laßen das von Jhnen vfm Schloß Honſtein Sonntags nach Johann Bap. des xxrij Jhares bewilligt, vnd heute dato wie oben berurth vor benn offentlichen gebinge zu Saupßdorff vorendet vnd vorbracht iſt wurbenn.

22.

Nachdem die zu Schandau lange Zeit von wegen der Außſchieffunge die albo durch Fürſtliche auffgerichten receſſe etwan zum theil abgethan, dorburch in dieſen ſchwinden Zeittungen das Stäbtlein in mercklichen Abbruch vnd Schaden kommen vnd je länger ie tieffer darein gerathen mügen, haben denn der Erſame Rath zu Schandau beherziget, vnd wegen Arm vnd Reiche, dem Wohlgebohrnen vnd Edlen Herrn Ernſten von Schönburgk, herr zu Glaucha vnd Waldenburgk M. G. H. clage weiſe vorgetragen, welches S. G. aus hohen Verſtandt ermeſſen vnd aus Gnaden den armen Stäbtgen zu gutte, vor ſich ſeine Erben vnd nachkommen zugeſagt, daß nun hinfurt zu ewigen Zeiten, die Unterſaßen inn der Herrſchafft Hohnſtein wohnhafftige nirgend hin Faß holz, Schogholz, Schindeln, Brete, vnd andere Gehölze verkauffen ſollen, ohne allein, daß ſie es zuvor denen zu Schandau thun anbitten, So ſie eskauffen vnd zu bezahlen haben, ſollen Sie daran den erſten Kauff haben, Aber die Verkeuffer
nicht

nicht zwingen noch bringen, daß Sie ihnen vnvermeid-
lichen schaden thun dörffen, Sondern allein sollen sie
ihre Erben vnd Erbnehmen, auch sonsten ihre Nachkommen den Verkauff bey denen Leuten inn der Herrschafft Hohnstein in Freyheit haben, Welcher Mann
seine Wahre nicht thut anbiethen den Schandauern,
vnd verkeufft oder verfürt, Sie ohne ihren Wißen-
schafft, der vnd die sollen so offt es geschicht M. g. H.
S. G. Erben vnd nachkommen Ein silber Schogk zur
Straffe niederlegen vnd geben Dorauff haben S. G.
vndt Johann Schültes zum Hohnstein Schößer befohlen, daß Ich Ambts halben darüber mit Ernst
halten, auch ihnen solche gnedige Zusage inn Ihr
Stadtbuch zuverschreiben, welches dermaßen wie be-
rurteren wohlgedachten M. g. H. geschehen zugesagt,
vnd befohlen, Bekenne Ich genannter Johann Schul-
tes Schößer zum Hohnstein mit eigener meiner Handt,
das wahre sey vnd ist alle Argliftigkeit davon Ausgeschloßen ohne Gefehrde, Geschehen Hohnstein Mit-
woche nach den heiligen Pfingstfeyertagen in 1534 Jahr.

23.

Vonn Gottes Gnadenn Wir Georg Hertzog zue Sachßenn Land Graff in Deringenn, vnnd Marggraff zue
Meißen rc. bekennen vnnd thun Kund, nachdenne, vnd
alß sich Eßliche mannigfaltige Irrungen vnnd gebrechenn Zwischen weilandt dem Edlenn vnsern Rhatt
vnnd lieben getreuwen Herr Ernsten, Herrn von
Schönburgk zue Glachaw vnnd Waldenburgk seligen an einem, Dem Erwirdigen Vnser lieben An-
dechtigenn, Rähtten, vnnd getreuwen Herr Ernstenn
des Erß Bischoff Thumbs Prage vnd Administratorn
daselbst,

daselbst, vnnd zue Meissen Thumb Probst, vnnd Georg vonn Schleiniz gebrüdern off Tollenstein vnd
Schloeckenaw Andernn teile, gehalten. Die auch dies
Ann Herr Ernste Absterbenn Vnentscheiden vorblie-
benn, das wir dieselbigenn gebrechenn, heutt dato
zwischen den gemeltten von Schleiniz vnd Herren Lu-
digwigenn Sachssen, als mitt Vormiunden vnnd,
geschicktten der Andern abwesendenn Vormünden, bemeltes Herren Ernstes von Schönburgk seliger, ge-
lassenn Vnmuudigen Erben durch Vnsern Rath vnd
lieben getreuwen Georgen von Karlewiz Ambtman zu
Radeberg Innocentium von Starschedell vnndt Georgenn Commersstedt der rechten Doctor, in guttliche
Handlunge haben nemen, vnnd nach volgender meinung vertragenn laßenn.

Vnd Erstlich die Außschieffunge zue Schanda belangende, Sollen die von Schleiniz ir getreidich, oder
Anders das sie off ire Heuser vnnd gutter fürenn, wo
ihnen das auff ihrenn guttern Erwachsen, oder sie zu
ihrer Heuser notturfft erkeuffenn, zue Schanda, vermöge Herr Ernstes, Herren von Schönburgk, Brieffe,
nicht verzollenn, Was aber auß iren der von Schleyniz herschafftenn, Tollenstein vnd Schloeckenaw auf
die Elben Kegenn Schandaw gefürt vnd verkaufft
wirdt, Das sal durch den Jenigen der es zue Schanda abfüret verzolt werdenn.

Was man auß Hern Ernsten seligen Herrschafften,
oder gebietten in der von Schleiniz Herrschafften, oder
auß der von Schleiniz Herrschafften in Herrn Ernstes, oder izo seiner sohne herrschafft tregtt vnd zuuor
bey hauffenn nicht eingelegt ist, sal nicht verzollt werden, Was man aber zu wagen oder sonst furett oder
treibet sal beiderseits wie vor alters verzollett werdenn.

Desgleichen was durch den von Schleiniz Unter-
thanenn zue Schandauw vf die Elbe oder davuon ge-
fürtt, sall auch verzollett werdenn, wie vor Alters.

Die Zöller zue Schandaw sollen wartten, oder
ihre Dienste, dermaßenn bestallenn, das die von
Schleiniz oder ihre Beuehlichhaber mit ihren getreibig,
oder obbemelter wahre, wan sie zue Schandauw an-
kommen, nicht lange harren durffen, noch von Einen
zu den Andern gewiesen werden.

Es soll denen von Schleiniz frey stehenn, ihr ge-
treibich oder anders welches sie wie obstehett aus ihrenn heusernn vnd güttern zue Schandaw An oder
von der Elbenn füren durch ihre Leutte oder die von
Schandaw, nach ihrer gelegenheit, aus vnd Eintra-
gen zu laßenn, vnd wenn die Schändischen Einträger
vnd Schrötter darzu nicht gebraucht werden, so sollen
sie ihnen was zu geben nicht schuldig seyn.

Desgleichen wenn die von Schleiniz einen vonn
Schanda das getreidich, so sie für Ihre Heuser vnnd
gütter, wie obbemeltt fürenn zu meßen gebrauchen
würdenn, sallen sie ihme seine gebüre, wie Ander leute,
entrichtenn welches denn zu ihren gefallenn stehen
sall, sallen sie zu geben nichtts schuldigk seinn, Was
sie aber nach den Schenbischen Scheffel oder maß ver-
keuffenn Vnd, alda in demselbigenn meßenn laßenn dauon sol den Jenigen der erst mißt, sein Lon gegebenn
werdenn.

Die von Schleiniz mögen auch ihre schieffung durch
ire eigene die von Schanda oder andere Schieffer nach
ihrem gefallen bestallenn darinnen sall ihnen kein maß
gesetzett seinn.

Mit dem Neuen wagen Pfennige zu Schandaw
sollen die von Schleiniz eigene ihrer Leutte oder vnter-

tha-

thanen wegen verschonett vnnd solcher Pfeng von ihnen nicht geforbertt werden.

Mit der Außschieffung der von Abell vnd Priester-
schafft, so vnter denen von Schleiniz gesessenn, sal
es vermöge der Verträg vnnd abschiebte, der zwischen
Hn. Heinrichen von Schleiniz vnnd denen von Pirnn
aufgerichtett des datum ist mittwoche nach Lätare im
Lrrrr Jhar, vnnd sonst so viel die Vnterthanenn be-
langet des Zols vnd anders Allenshalbenen Inhalts
deßelbenn abschieds gehalten werden.

Die von Schleynitz sollen Herrn Ernsten sähne
vnd ihren nachkommen Leutten mitt keinen neuen zoll
beschwerenn, auch sich hinförder zue Lobschiz Zoll
von ihnenn zue nehmen, enthaltten.

Es sollen die von Schleiniz iren Leutten den Jhar-
marckt zur Neustat zu besuchen nicht verbitten, Doch
mögenn sie ihren Jhar vnd wochenmarkt wie vor Alters halten laßen, vnd wo sie ihren Leutten die Creutz-
fartt wie bisher gebietten würden, Soll es dafür nicht
geachtet werden, als geschehe es den Jarmarkte zu der
Neustad zue nachteill.

Es soll beiderseits Herr Ernsten Söhne vnd auch
der vonn Schleiniz leuten frey stehenn mit Einander
zu handlenn vnd wandlenn Inmaßen zuevor geschehen
vnd davon sollen sie durch ihrer Herren verbott nicht
gehinndert werdenn, doch sol kein Teil fugk haben sich
des anzunehmen, was der Ander mit seinen vnterthanen, des malwercks halben schaffen wird.

Die von Schleiniz sollen denen von der Sebeniz
das flößenn auf der Sebenizer Bach, inmaßen Sie es
zuvoren gehabtt, bies Wilmensdorff vnnd Einsiedel
nachlaßen.

Vnd

Vnd sollen die von Schleiniz den Pfarherr zu der Sebeniz seinn Zinnß oder Decem nicht hindern, Auch die Leutte zue Wilmanßdorff, Ober vnd Nieder Einsiedell, so in die Pfar Kirchenn zur Sebnitz bießher gehöret, vnd durch ihr der von Schleiniz verbott, darauß gezogenn, wieder in die Pfar weisenn, Was aber ihre Leutte, der nicht gehaltenen frue meßenn halbenn beschwerunge haben, Sollen sie den Bischoffe anzeigenn, Vnnd was derselbe den Pfahrherr beuahlenn wirdt, sal er vnwegerlichenn halttenn.

Die Erbfalle sollen auch beiderseitß Herrschafftenn vnd gebiettenn dem Jenigen der sie ererbet, ohne hinderunge volgenn, vnd keinen sein Angeerbett Gutt zuvor keuffen gewerett werden, Doch sol der Herschaft ire Gerechtigkeitt gebürliche Teilschilling wie der bißher ist gegeben, vorbehalten seinn.

Was Andere Gemeine sachen, die beiderseitß herrschafft oder ihrer Vnterthanen Kegen Einander haben, belangende, die Besichtigunge oder Erkundigunge bedurffenn, sollen die Ortter der Abgehauwen Beume, New Erbauttenn Wahr, Fischwaßer, den groschen von dem ßo bittner Holze, durch die Beywohner, vnnd andere, so dauon bericht wißenn neben beyden Teilen geschiecktenn, Auch den Jenigen die wir darzu verordnen werdenn, besichtigett, vnnd nach genugsamer Erkundigung auff die wege, wie es vor alterß gewesen gerichtett werden.

Was auch ein Teil den Andern, oder seinen Vnterthanenn zue beschwerung ohne fugk oder Recht, vor bauet oder gemachtt sal es wieder abschaffenn oder sich nach Erkenntnuß der geschiekttenn, mitt dem Jenigen, denen es zu vnbillicher beschwerung gereicht, vortragen.

Die

Die von Schleiniz sollen sich mitt Herren Ernstes feinen Vnterthanen, welche sich irer, bey inen Außenstehennbenn schuld halbenn beklagt, berechnen, vnd dieses was bestennbigk in Rest funden, entrichtenn.

Vnnd sal jeder Teill dem Anndern auch feinenn Geistlichenn oder weltlichenn Vnterthanen, zu bekentlicher oder beweißlicher schuld vnd gerechttigkeit geburlich vnd schleunig verhelffen.

Wo sich Vrban Pöling zwischen hier vnnd Lichtmeß vor denen von Schleiniz der sachen halbenn, darumb er von ihnen, mitt recht vorgenomehnn vorannttwortten Köndte, so sal er vnd feine Bürgenn ahne Entgeltnuß bleibenn.

Denn geechtigeten Jeger, sollen die von Schleiniz aus der Achtt laßen, vnnd des försters Bürgenn deßgleichen, Jnen ledig Zehlenn vnd laßen.

Hiermit feindt beyde Teile irer gebrechen Auch was sich die von Schleiniz der auffgehaltenen 27. faß weins, vnndt der ezliche Vnnd achzig scheffel gersten, vnnd malzes beclagett, genzlichen entschieden, vnd vertragenn. Vnnd sal kein Teil hinförder dem Andernn zu gezencke vrsach gebenn, sondern Kegen einander friedlich vnd nachbarlich verhalttenn Jedes Teil denn Andern kegen feinen Vngehorsamb Vnterthann Auf fein Ansuchenn, rechtes verstadten vnnd die nicht in vmwillenn Aufhalten, Sich darneben irer vortrögen geneigt erzeichenn, Aller Neuigkeitt vnnd Beschwerunge, wie ermelt, enthaltten Welches die von Schleyniz vor sich vnd Doctor Ludovicus fachs, Als mittvormund vnd geschiekter der Andernn abwesendenn vormundenn, Jm nahmen vnnd von wegen Herr Ernestes feligen Erben Angenohmen vnd zue halten zugefagett.

Vnb nach deme Vns Vielbemelter Herr Ernst deßgleichen den hochgebornen fürsten, Herrn Johannfen

d 3   Her-

Herzogenn zu Sachßenn Vnsern freundlichen lieben Sohn, vor seinen Absterben vnterthänig Angesuchtt, das wir vnß seine Kinder, im Gnädige vormundschafft wollen beuohlen sein laßenn, haben wir vnd vnser Sohn, salchen vortragk auch vor Gutt Angesehenn vnnd gewilligett, alles Trewlich vnd vngefehrlich. Zu Vhrkunde mitt vnsern Seccrett besiegelt, Geben zue Dreßden, Donnerstags nach Conceptionis Mariæ Eintausend funfhundert vnnd Im xrrjjjj Jahr.

24.

Zue volge denn fürstlichen vertrage, so iungst zwischen den Herrschafften Hoenstein vnd Schlockenaw, Aufgerichtett, darin ein Artickel begrieffenn, das die Andern gebrechen so nach vnvertragen vnnd besichtigunge bedürffen, salten Auf einen Nahmhafftigen Tage besichtiget vnd dahin wie sie vor Alters gewesen, gerichtet werden, Embt hente dato dieselben örtter vnd stellen durch beide Parth, nahmlichen Friedrichen von Schönbergk vf Stollberg, als vormünden, Christoffen von Haugwiz Landvoigt zue Pirn, Georg Comerstad Doctor von wegenn vnd aus beuelch, irer Gnädigen Fürstenn vnd Herren vnd der Andern Abwesenden vormünden Herr Ernst, Weiland Herren von Schönburgk Seligen Söhnen, An einem, Herren Ernsten des Erzbißschoff Thumbs zue Prage Administrator, Anders teilß, in besichtigunge vnnd handlunge genohmmen, Auch nach volgender meinunge berebt, beretnet, vndt Entschieden, wie volgett.

Erstlich haben sie Angefangen An der Weysbach, vnter dem Steinberge, vnd ben grosen Holze, An der bach einen Bawm, nach demselbigen auch einen bawm
loch-

lochtern laßen, vnd neher den felbe einen Reinstein ge-
faßt, darnach nach der Linken Handt hinabe, aber einen Bawm, vnd folgends An grofen Holze, die lenge
an den accfern, nach der Heidelbach, irer ezliche Beum
zue lochtern laßenn, Zeichen. Alß sie aber An den far-
wegk kommen, der in das hol, gehett, An Hanß Oh-
men zue Nikolsdorf güttern, findt Ihnen zweyerley
lachtern Angezeugt. Die Ersten Am felde, vnd andern vngefehrlich einen steinworf in das holz, vnd weil
sie vormarcket, das beiden Alten förstern vnd ambts
Leutten derselbigen Lachtern halben auch irrungen gewesen vnd bisher vnentschieden verblieben, Sie auch
eigentlich nicht befinden mögen, welche Lochtern die
grenze hielden, haben sie von dem Reinstein ahn, von
den wege Nauffwarß, welcher in der obgedachten Reinunge stehet angefangen, vnd im mittel zwischen beiden lachter bewmen, ezliche Bewme laßen flecken, biß
an die heidelbach, welche hinforder die Reinunge des
ortes zeigen sollen, doch mit diesem Anhange, das iedes
teils, seiner hohen herschafft, davon meldung thun
sollen mit verlangen wie sich einige beschwerunge daran Ereigne, daß sie solches zwischen hier vnd Iohan-
nis baptiste schirsten wolden Anzeigen, Vnd wobey
Ihnen des Keine Anzeigunge geschehe, solten dieselben
bewme, zue lachtern gezeichnet, vnd hinforder darfür
gehalten werden.

Als auch in dem vertrage des flößens Auf der Sebeniz Bach meldunge geschicht, mit diesem Anhange,
das es wie vormalß vor Alters solle gestattet werden,
vnd die von der Sebeniz Ausgesaget, das sie sich
des Flößens vor alters In forenstrich wenn man den
zeuget sich hette enthalten mußen sich auch solches hinforder zu thun erbotten, sal es dieses Artickels halben

ben dabey bleiben vnd sie ausserhalben gemelter Zeit
des flößens zu gebrauchen haben.

Mit Georg von Liebenaw wiesen, sal es bis Ann
weiter erkundigung bleiben, wie es biesher nach ver-
lauffunge des Hoensteins gewesen, aber der Andern
wiesen halben, beiderseits an der Sebenizbach gelegen, sal iedes teil dem Andern sein bedencken zuschrei-
ben, wie derhalben möchte ein vorgleichunge geschehenn.

Die fischerey in der Weisbach sal gegen Schlockenaw, wie biesher geschehen, vnd die Leutte bekand,
bis das sie in die Kirnisch Bach fallet, gebraucht
werden.

Des Baums halben so auf dem hohen walde umb-
gehawen, dieweil derselbige auff den Hoensteinischen
güttern gestanden, ist bered, das der Schößer zum
Hoenstein denselben baum wegschaffen sall, vndt nach
deme er einen Lochter Baum umbzeschlagen, sal an
desselben Lachters baums stad, ein reihnstein durch beiderseits förster gesezt werden, Vnd sonst bey den Grenzen wie die zuuor gemacht, die Parth auch derhalben
nicht irrig seyn, des orts bleiben.

Wo sichs auch hinfürder zutrüge das ein Baum
aus einer herrschaft Holz, In die Ander herrschaft,
vnd einen Manne zu schaden fiele, sal der Jenige vff
des grund er gefallen, solches denn Förster anzeigen,
welcher ihme alsdann erlauben sall, den Baum abzu-
reumen, vnd darzu seinem besten zu gebrauchen.

Des groschens halben von schock bittner holz weil
der newlich zu geben geordnet, ist bered das denselbigen niemand zu geben sal genötiget sein sondern in eines ieden der auf der Kirnschbach flöst gefallen stehen, dem zu geben oder nicht.

Hierüber haben sich beide Teill vnd Sonderlich der
Schößer zum Hoenstein, Johann Schultheis, von
wegen

wegen seiner Herrschafft erbotten, iedes sich gegen den Andern Teill Nachbarlich zu erzeigen Auch die vnter-thanen dahin zu weisen vnd so sie etwas vngeschicktes vornemen würden, sollen sie an den ortten darumb ge-straffet werden, dahin die strafe gehörett.

Wo auch weiter gebrechen vorfielen, wollen sie die-selben Einander Anzeigen vndt vereinigen, wie denen möchte abgeholffen werden, das zu gelauben ist dieser begriff gezwiefacht Jedem Teile einer zugestalt, vnd mit obgedachten vormunden geschickten vnd gebrüder von Schleiniz Petschaften besiegelt. Datum Neu-stad Sonnabendts In der heiligen Osterwochen Im xxxv Jare.

25.

Wyr mit namen Rudolff Ebeler von der Plaunitz, Ritter Auf Wiesenburgk, vnd Friedrich von Schon-berg auf Stolbergk, als mit verordnete Vormundere Vnd Wolf von Schönbergk Oberhaubbtman der Edelen vnd wolgeborenen Herren, Ernsten, Jorgen Hugen vnd Wolffen gebruedere Herren von Schön-burgk, Herren zu Glaucha vnd waldenburg von we-gen der andern iher gnaden vormunden vnd an statt derßelbigen Auch für vns selbst bekennen, vnd thun kundt Hirmit vor meniglichen, Nachdem ehewolge-dachten Jungen Herren lieben Getreuen vnd vnterthane Die Meister deß Gantzen Handwergs der schuster zu der Sebeniz in der Herschaft Hoenstein gelegen, an die andern der Herrschafft vormunden vnd vns als an-statt vnserer Vumundelein vnd genedige Herrn mit vnterteniger bitte haben gelangen laßen Das wihr Ih-nen zu ehren den Stetlin, auch ihnen selbst vnd vmb

b 5 erhe-

erhebunge willen ihres Handwergs vnd nutze, ein
Ordnungk, Innung, vnd Zunft auffrichten, Sie damit Priuilegiren, begnaden vnd Confirmirn wolten.
Dieweil wir den der Herrschaft fromen vnd gedeien
der Vnterthanen zu föbbern geneigt vnd gewilligett
sein Als zu laßen, verordnen vnd bestetigen wihr gemelten Handtwerge der Schuster zur Sebenitz diese
folgende Statut, wie in den Furstenthumen Sachsen
dieses Handtwergs gebrauch ist.

Anfenglich sabl keiner zue Sebenitz in ihre der
Schuster Zunft aufgenommen werden er bringe den
bestendige briefliche Vrkunden, woher, vnd waßer
geburth er sey. Welcher ende er das Handwergk ge-
lernett, Vnd wie er sich von Handwerge vnndt seinen
Meister geschieden hatt. Vnd so er Vffgenomen wirdt,
sohl er geben der Herrschafft ins Ampt Zwelff Silberne
groschen, Dem Handtwerge eine Tonne bier, ein halben gulden ihnn die Laden vnd zue ben kerjen ij lb war
aber vj gl. in die Laden.

Welcher alba das Handtwergk lernete der sohl dem
Meister geben ein gutt schock gelbeß darzu ein Gemeine
bette, Ein küßenn vnnd ein tuch. Der Herrschafft
Zwelf groschenn dem Handwerge sechs groschen in die
Ladenn barzu ij lb. war aber vj gl. barfür. Vnd welcher alba Meister wil werden, der sohl sein Meisterschafft dermaßen beweisen, Das er aus einer Haut ein
Par fischer stiefeln, ein Par grobe schue, ein Par ge-
heubelte schue vnd wie zu Dresoenn ein par schlechte
schube schneiden vnnd machenn sohl. Diesen Schniett
sollen die viermeister zusehenn vnd nach vollendunge
sohl er vfgenomen werden, vnd Zwelf groschen der
Herschafft dem Handwerge eine Tonne bier rij gl in
die Ladenn Vnd ein lb wars geben. kein meister sohl
in der wochenn nach dem feiertagen schuehe auff die
Dorf-

Dörffer tragen. den so Ferne sie sich selbs miet einander verwilligen. Do aber andere vmbligende, dor-
ein sich mit feilhabunge der schuehe begebenn, die nicht
in dieser ordnungk weren, daß sollen die Amptleuthe
noch gelegenheitt Abschaffenn, kein frembder schueh-
macher sohl sich in den Stetlein Noch vmbligenden
Dörfern den Leuten von ihren Leder, noch sonst schuehe
in ihren Heusern, der ausserhalb dieser Ordnungk were
zu machen einlaßen Welcher Hiruber besunden Der
sohl der herschaft ein gulden, Dem Handwerge auch
also viel zu Poena gebenn. Es sollen aber die Schu-
macher solchenn Anzeigen Da er tetlich befunden.

Kein Meister soll weder stiefeln noch schue mit Alten Leder forbern bey Poena ij lb. wax. aber vj gl. in
die Laden. Wo auch iemands aus den Stetlin zige
auf ein Dorf, der diß Handwergk mitte vben wolte,
Der sohl auch Innunge mitt halten In allen Puncten.

Ein ieder meister sohl alle Quarthe 3. neu Pfennige
vnd ein Geseļ einen Alten Pfenningk, Ihn des Hanndt-
wergs ladenn einlegenn.

Als oft die meister von Handwergs wegen beinan-
der sein, Sohl vnter ihnen friede gehalten werden,
welcher bruchigk befunden, sohl dem Handwerge ein
Thon bier geben Vnbeschadett der Herrschafft straffe.

Wen auch noch Göttlichen beruf ein Meister oder
Meisterin stirbett, so sollen diß Handwergs die Meistere Vnd Meistrinnen zum begrebnis der leichen folgenn, were es aber ein kindt oder gesinde, den gehet
eins mitt bey Puß j lb. ward aber iij gl. in die laden.

Die wittwen vnd ihre kinder behalten das Handwergk An ihres Mannes vnd Vaters stadt, so fern sie
daß mitte halten, wenn sie sich aber teilen, sohl es vn-
beschat wie aben dem Handwerge vnd Herschafft sein.

Der

Der Jüngste Meister sahl allewege nach befehl der Handtwergsmeister das Handwergk zusammen heischenn. Das bier aufftragen, kertzen anzunden, vnd die wen es vorfelt tragen, sampt seinenn Jungen neben Meister bei Pena jj lb. wars aber vj gl. in die ladenn.

Welcher Meister vff erfoddern Zum Handtwerge nicht keme, der sohl geben vj gl in die laden, Es beneme ihn den redliche Ehehafftige enntschuldigungk.

Kein Meister sohl dem Gesinde eineß andern entspennunge thun bey Poena funf groschen ihnn die ladenn.

Vntuchtige wahre sohl keiner vf denn kauf verfertigenn, bey Poena fünff groschen in die Laden, Das vnd dergleichen die Handwergsmeister vermerken, erkennenn Vnd anzeigen sollen.

Wer auch zu einenn vier Meister erkorn, vnd sich deß wegernn wurde, der sohl funff groschen ihn die Laden gebenn Vnd gleichs wohl das Ampt vff sich behaltenn. Dieser Ordnungk zu entkegenn ob sich irgend einer aber mehr wiedersetzen wurde, Der aber die sollen des Handttwergs entsetztt seinn, biß so lange sie sich mith der Herrschafft vnd Handtwerge vertragen habenn.

Vnd waß hirin zur Nottburfft nicht begrieffenn, vnndt kunfftig irrigk zufallen wolthe, Behalten wir vns solchs, wo es di Amptleuthe nicht entscheiden, vor, Dasselbige selbst zu mitteln oder vff zuhebenn. Wie wir den gleichfals diese Ordnungk zu mehren zu wenigern oder vffn sahl gantz vff zuheben der herschaft vnd vns nachgefallenn fürbehaltenn.

Zu vrkunth haben wir Obenbemelte Vormundenn an Statt vnndt vermügen der Anderer Herrn Vormundere Vnndt Ober Heubttman vnsere Angeborene Sigille An diesenn vnseren brieff hengen Vnnd druckens

ckenn laſſenn. Gegebenn vffn Schloß Glaucha Montags nach Viti Martiris Nach Chriſti Geburth funff-
zehenn hundertt vnd vierzigk Jare.

26.

Wyr mith Nahmen, Rudolf edeler von der plau-
nicz Ritter awff Wiesenburgk, vnd Friedrich von
Schonbergk awff Stolbergk, ahn ſtabt vnd von wegenn der Wolgebornen vnd edeln, Geſtrengen Ern-
uheſten, Achtparn vnnd Hochgelaarten, Herenn, hern
Günthern Grafen zu Schwarzborgk Herrn zu Arn-
ſtedt, vnnd Sunderßhausen, vnd Hern Hanf Georgen Grafen zu Mansfelth, vnnd Edeler Herr zu Hel-
drungen vnnd der andern, der Edeln vnd Wolgebornen Herren, Hern Hanſen Ernſten, Hern Georgen,
Hern Hugen, vnd Hern Wolffen, gebrudere, Herrn
von Schonburgk Herrn zu glauchaw vnd Waldenn-
burgk auch vor vns ſelbſt, als ehwolgedachter Jungen Herrn von Schonburgk vorordenthe Vormundere, vnd Ich Wolff von Schonbergk der Herſchafft-
ten Schonburgk Obir hewptman, Bekennen vnd
thun kundt, das vor vns Wolgemelter Jungen herrn
lieben getrawen, die meiſtere des ganzen Handtwergs
der Schneydere zur Sebeniz, welch Stedtle in der
herſchafft Honſteyn gelegen, erſchienen ſein, Vnder-
theniges vleiſſes, vnd demutigk gebeten, zu ehren der
Herſchafft, dem Stedtleyn, vnnd ynen allen zum beſten vnnd furderung, Jnen yren Handtwerge aldo, ein
Jnnung, Zcunfft, vnd Ordenunge awffzurichten, zu
welcher fürderung vnd dergleichen wir geneigt, Vor-
ordnen, awfrichten, zulaſſen, vnd beſtettigen hiemit
dieſe Nachbeſchriebene zcunfft vnd ordenunge wie dieſes
obge-

obgemelten Handtwergs in den vmbligenden Stedten,
vnd des Fürstthenthumbs zu Sachssen der gebrauch
vnd gewonheit ist, ·Also wie volget,   Zcum ersten
welcher zw einem Viermeister erkorn wirdeth, der sol
sich des ampts nicht wegern bey puß sechs groschen
dem Handtwerge in die laden, vnd soll gleichwol des
Jars des ampts vnuerschont pleyben, Wan auch eyner diß Handtwergk lernen will, der sol bringen gutthe
briefliche vrkunden, wafer geburth, vnd wannen er
sey, Szo er nhun awfgenomen, vnd niederfitzt, soll
er alspalt der Herschafft Jns Ampt sechs groschen,
dem Handtwerge auch alsouil in die laden, vnd dafur
soll sein Meister, andtwurthenn, doruber sol er geben
eine halbe thonne bier dem Handtwerge, Welcher meister werden will, der sall zuuorn zwu weichfasten nach-
einander das meisterrecht yhe awf einmal mit einem
groschenn in die laden, muhten, Vnnd ßo er nhun die
meisterschafft erworben hat, sol er geben der Herschafft
einen halben gulden vnd dem Handtwerge in die ladenn
auch also uill, dartzu ein thonne bier vnd ein brattßen
dem Handtwerge, auch ein pfundt wachs, Kgwemes
aber, das ein frembder meister sich albo wolt niderlas-
sen, der des orts sein Handtwergk nicht gelernt hette,
der sall geben der Herschafft zwelf groschen, dem Handtwerge sechs groschen, ein thonne bier vnd ein brathen,
ydoch auch das er auch sein burgerrecht, wie sich ge-
bureth, gewinne, Eines yden Meisters Schon vnnd
tochter, die haben das Handtwergk halb, Kein meister soll nicht mehr dan einen gesellen, vnd einen Jungen halten, bey puß eines pfundt wachs, Welcher
dem andern sein gesinde abreden wurde, sol geben drej
groschen in die laden, kein schneider sol mit einem Tuch-
scherer in einem hawse beisamen wonen, bei puß funf
groschen in die laden, kein meister, nach geselle dieses
                                                     Handt-

Handtwergs, soll farbe in der cleidung tragen bej puß
zwey pfundt wachs, Welcher meister auch vber drey
farben an das libt, aber Fenster legen wurde, der sal
geben ein pfundt wachs, Wo auch die meister in yrer
geburlichen Reuir einen storer vfhuben, welchs sie mit
wissen eines Amptmans thun sollen, sol derselbe der
Herschafft ein halben gulden, vnnd dem Handtwerge
auch alsouil geben, so offte er befunden, Der Jungste
meister soll das Handtwergk zusamen forbern vnd die
kertzl wartthen, das Bier auftragen, liecht antzunden,
vnnd ausleschen, ahn welchem er seumigk, sol er von
yder seumliekeit, seiner dinst, ein pfundt wachs, geben, es benehme yhun dan ehehafftige vorhinderung,
Also sal auch der Jenige gestrafft werden, ßo vngehor-
sam vom Handtwerge auffenpliebe, Wer dem handtwerge schuldig ist, der sol das vf bekgweme Tagetzeit
betzalen, aber yme sol solange es geschiet, das Handtwergk gelegt werdenn, Keiner sol in dieser Reuir ditz
Handtwergk erbtten Er halte dan diese Innung mitte
bey puß ein halben gulden der Herschafft, vnnd dem
Handtwerge auch souill, Wan in beisamen dieses
Handtwergs ein vneinikeit vnther ynen einfiele, sollen
yder kriegs parth aber vorwurcker dem Handtwerge in
die laden funf groschen geben, Vnbeschabt der Herschafft straf, Ein yder meister sal quarthalich Zwene
deutzsche pfennige vnd ein geselle einen in die laden legenn, kein meister sol nichts ymands zuschneiden, das
nicht Jm Handtwerge vorerbt, bey puß ein pfundt
wachs, keiner sol auch durch list dem andern erbtt
empfrembdenn, bey buß ein pfundt wachs, Welch
meister aber meisterin sich nicht ehrlich vorhalten wurden, sollen in dieser zcunfft nicht gebultet werden,
Welcher des Handtwergs schaden, ßo ers wuste nicht
offenbarte, ydoch das furnemlich der herschafft pflichte
be-

betracht werden, der sal funf groschen dem Handtwerge geben, Vor die thür sol kein meister kein kleidt
hangen bey puß ein pfundt wachs, Wan ein meister
oder meisterin dieses Handtwergs stirbett, sollen beide
meistere vnd meisterin zum begrebnus nachvolgenn,
Jst es aber ein kindt oder gesinde, volget eins bey puß
ein pfundt wachs, Diese artickel ordnung vnd Zcunft
Confirmiren, vnd bestettigl wier ahn stabt vnd von-
wegen wie oben gedacht, vnd wie im furstenthumb
sachßen, das sich die meistere vnd das Handtwergk
der Schneidere zur Sebeniz Dornach vorhalten vnd
richten sollenn bey vermeidung der Herschafft straff,
Wir behalten aber gleichwol der Herschafft, aber vns
fürh solche zcunfft, zu andern, zumehrenn, wenigern,
oder auch auffn sal gantz aufzuhebenn, Des zuur-
kundt haben wier vnnsere angeborne Sigille an Diesen
brief wissenntlichen hangen lassen, Der gegeben ist vfn
Schlos Honnstein Sonnabends nach kilianj Nach
christi vnnsers seligtmachers geburth funftzehnhundert
viertzigt Jhare.

27.

Nachdem die Ehrlichenn, vorsichtigenn mit Namehnn
Hans vnnd Brosius die Strubache, Maths Holf-
felt, Jocoff Lorentz, Jocoff Groman, Georg
eckel, Maths liemahn, Georg katzschner vnnd Thomas Sommer vnsere mitwonner vnnd ledige Gesellen
alle des gewercks Schneider Handtwergks, Jre Redt-
liche, Vfrichtige Zceche vnnd Zcunfft, Jres ehrlichen
Handtwerkes, mit Hulff, rath vnd Bestetigunge der
Wolgebornnen vnd Edelnn, Gestrengenn ehrnuesten
Achtparn vnnd Hochgelaertenn Herrn Der Edelnn
vnnd

vnnd Wolgebornnen Junger, Herrn von Schonburgk
Herrn zu Glauchaw vnd Waldenburgk vnserer gnedigen herrn, Vorordente vormünbere, Welcher aller
Namehn zuuor In der Copia des Heuptbrieffs außge-
bruckt werden des rl. tl Ihars der weniger Zcall gegeben, habenn vfgericht vnnd erlangt, Bekennen wir
Burgermeister vnnd Radtmann der Stadt Sebenitz,
da obenbenante vnsere mit nachbare Schneiderhant-
werks, vor vns, In vnsern, gewönlichen sitzendenn
Radt erschinnen seint, mit berichlichen vortragen,
Das sie, auch das gantze Handtwerk Jres gewerks
zu der Naustadt, dem bescheidenen Hansen Stru-
bachs, aus wolbedachten vnd guten geneigtenn Willen nachgelossen vnd vorgonst haben neben Inn Beyde Hantwerke Nemlich das Schneiderwerck vnnd Tuch-
schernn, bey seinen lebetagen vngeirret zu treiben vnnd
zu vbenn, Noch seinem absterben aber Sollen vnd mögen seine kindere, bey einem handtwerke alleine, Welchs
einem itzlichen am bequehmst sein wil vorbleiben, vnd
weitter dise beyde Handtwercke nicht zu vbenn, Das
dnß also vor vns, von Inen bewilliget vnnd beschlossen ist, Haben wir obgenante Burgermeister vnnd
Radtmann vnser gemeiner Stadt Insigill zu Vrkunbt
vnd Bekentnis solcher Jrer aller Bewilligunge zu ende
dieser schrifft wissentlichin lassin vffdruckenn vnnd gescheen Suntags nach der heiligl Dreyer konigenn tage
Im rlj tl Ihare.

28.

Von gots gnabenn wir Moritz Hertzog zue Sach-
ssenn Lanndtgraff in Doringenn vnndt Marggraff zue
Meißen bekennenn vnndt Thun kundt inn diesenn brieff
e   vor

vor Aller Meiniglich das vnns vnsere Liebenn Getreu-
enn, die Meister des Schuster Handtwergs zur Sebenitz Jnn vnsern Ampt honnstein, Eynenn brieff des
Datum Stehet Montags nach Vitj Martiris Anno
Domini Tausendt funffhundert vnd Jm Vierzigistenn,
So Jhnenn die Jungenn Herrn vorn Schönn Purgk
benenn die herrschafft honnstein die Zeit zugehörigt ge-
wessenn Vormundenn, zu bestettigung Jrer Jnnungenn
gegebenn vorgetragenn mit Vndertheniger Pit, Nachdeme wier nunmals, dieselbe herschafft wechselsweyse
ann vnns gebracht, Das wier vnns dieselbe Jre Jnnung auch Also gefallenn lassenn, Vnndt die auß fürstlicher macht bestettigenn wolltenn, Wenn wir dann
solche Jre bit vor vnpillich nicht ermessenn, Alß habenn wier vns gedachte Jre Jnnunge Jhnen hieuor
von den Herrn vonn Schonnpurck Vormundenn gegebenn auch gefallenn laßenn, Confirmiren vnnd bestettigenn Jhnenn die auch hiermit Jnn Crafft dieß
brieffs, Ob auch wohl dem frembdenn so mit Jhnenn
nicht Jnnung haltenn, Denn Leüten so Eygenn Leder
habenn, Jnn Jrenn heusern, vnndt Sonnsten schue
zue machenn verbotten, So sollenn doch die Schuster
zue Sebenitz darumb solches zu thun nicht verhafft
sein Sunder Jnn Jrenn gefallenn stehenn sich hien-
nauß zuerfuegenn vnndt Jhnen Schue zu machenn
aber nicht So sollenn sie auch von den Ledergerbern
Jnnerhalb der Meilen nicht bedrengt Sonndern diesel-
benn wo sie vor Alters nicht hergebracht aufgetriebenn
werdenn, Wier wollenn auch das es mit den Meister
Recht Kegenn eines Meisters Sohne oder Tochter der-
massen wie Jnn andern Vnsernn Vmbliegendenn Stet-
tenn gehaltenn werdenn soll, Gebitten darauff Itzi-
genn auch Künftigenn Vnsernn Schöffern Sie dabey
so offt es ihnen von Nöttenn zu Schutzenn zuerhaltenn

Vnndt

Vnndt zu handt habenn, Treulich Vnndt vngeuerlich
Zu urkunde mit Vnsern Annhangenden Innsigell wyſ-
ſentlichenn verſigelt, Vnndt gebenn zue Dreßdenn
Freytags nach Erhardy Anno Dominj Tauſend Funff
hundert Vnndt Vier vnndt Vierzigſtenn.

29.

Von Gottes gnaben wir Moritzius Hertzog zu
Sachſſen Land Graff In Döringen vndt Marg Graff
zu Meiſſen Bekennen vnnd thun kund An dieſen brief
vor Aller Menniglich das vns vnſere Lieben Getraven
die Meiſter des Schneyder Handwergs zur Sebenitz
In vnſern Ambt Honſtein einen Brif des Datum ſte-
het SonAbends Nach Kiliani Año domini Tauſend
funfhundert vnd In virtzigſten So Inen die Jungen
Herrenn von Schonburgk Denen die herrſchafft Honſtein die Zeit zu gehörig geweſen vor Munder zu beſteti-
gung Jrer Innung gegebene vorgetragene Mit vndertheniger Bitt Nachdeme wir Nun Males Die Selbige
herſchaft Wechſſels Wenſe An vns gebracht das wir
vns die Selbe Jre Innung Auch Alſo gefallen laßen.
vnd die Aus Fürſtlicher Macht beſtetigen wolten. Wen
wir ban ſolche Jre bitt Nicht vor vn Billich Ermeſſen
Als haben wir vns gedachte Jre Innung Inen hievor
von den Herrn von Schonburgk vor Munden gegeben Auch gefallen laßen Confirmiren vnd Beſtetigen
Inen die Auch hirmit In kraft diß Briefes Vnd Nachdeme Inen In den Selben briefe In Jrer Reſir Stö-
rer, wie ſie vor Alters nicht herbracht Auf zu treiben
Nach gelaſſen So Sol Sich doch Solche Reſir Auſſer
halb vnſern Ampt Honſtein Nicht Erſtrecken Desgleichen Ob wol die Selbe Jre Innung vor Mag das Rei-

ℰ 2 net

ner das Handwerg In Jrer Reſir zu treiben gelitten
werden ſol Er hallte denn Jnung Mit Jnen So Sollen doch die Orth da ſie vor Alters der Maſſen Nicht
hergebracht, hiemit Nicht begriffen, Sondern die
Schneider zur Sebenitz darfür gefrept Sein, Gebitten drauf Itzigen Auch Kunftigen Vnſern Schöſſern
Sie dabei So Oft Es Jnen von Nöten zu Schutzen zu
Erhalten vnd zu hand haben treulich vnd vngevelich.
Zu vrkunde Mit vnſern Anhangenden In Sigel geſi-
gelt Vnd gegeben zu Dreſden Freptags Nach Erhardi
Ao. Domini tauſend funfhundert vnd In vir vnd virtzigſten Jahre.

30.

Vonn gottes gnaden, Wir Moritz, Hertzogk zu
Sachßenn, Landt graff in Düringenn vnndt Marggraff zu Meißenn, Bekennen vnndt thun kundt, mit
dieſem Vnſern Brieff, Kegen Menniglich,

Nachdeme vnß der Edle, Vnſer lieber getreuer
Herr George von Schleinitz auf Tollenſtein vnndt
Schlueckenaw fürbracht, daß Er in fürhaben ſep, ein
Hauß in Vnſern Städlein zu Schandaw zu erbauenn,
Vnndt weill er darinnen ein Hauß vnndt Gartten an
ſich brachtt, hat er Vnnß Vnterthenigk gebehtenn,
Daß Wir ihme aus gnaden nachlaßen vnndt verſchrei-
ben wolttenn, das ſolch Hauß, ſo er erbawen würde,
mit Keiner Zinſen beſchweret werdenn, Dann er wolle
daß hauß, ſo er darzu erkaufft, ſampt einen Raum,
wieder verkauffen, Alſo, daß die ganzen Zinſenn, wie
zuuornn, ſollen dauon gefallen, Auch die dienſte zu der
Jagt gethann werden, Alß haben Wir ſolche ſeine
bitte angeſehen, gnedig gewilliget vnd nachgelaßenn,

Wil-

Willigen, nachlaffenn vnndt verschreiben Jhme solches hiemit Crafft dieß vnsers Briefes, bescheidenlich alfo,

Wann er daß Hauß, wie gemelt, erbauet, Daß es mit Keinen Zinsen, noch einiger frohne zu der Jagdt foll beschweret werden, Weill Er oder seine Erben solch Hauß Innehaben vnndt gebrauchen, Doch daß Vonn dem Hause, Daß er eines Reuers halben, Denen er dauon gebraucht, erkaufft, die Zinse vnnd Dienste zu der Jagdt, vnbt aller gebühr, wie vor Alters gethann, vnnd gegeben werde,

Würde aber ein Einwohner deffelben Haußes Bürgerliche Nahrung, auf nachlaßung Vnfer Vnterthanenn zu Schandaw darinnen treiben, Der foll gleich Andern mit den gebürenden bürden vnd pflichten beladen fein, zu Vhrkundt, mit Vnfern Zu Rück aufgetruckten Secret befigelt, Vnd geben zu Dreßden, den 12. Februarij A. 1544.

31.

Vonn Gottes genaden, Wier Moritz Herzogk zu Sachßen, des heiligen Römischen Reichs Erzmarschalch vnd Churfürst Landtgraffe inn Duringen, Marggraffe zu Meyßen vnd Burggraffe zu Magdeburgk, hiemit bekennen vnd thun kundt,

Nachdeme zwischen dem Edlen vnd Wolgebornenn, vnseren lieben getrewen, Herrn Georgen, Hernn von Schleinitz Auf Schlockenaw vnd Tolensteinn, Rhat zu Pirn anders teils, ein mißverstandt fürgefallen, ober dem vertrage, so etwa durch weylanden, den Hochgebornen Fürsten, Herrn Georgen Herzogen zu Sachßen, vnfern lieben Vettern feliger gedechtnuß Mittwochs nach Lätare Anno Nonagesimo aufgericht et, vonn wegen der Ausschiffung vnd Ausführung

des Getrebichts zu Schandau, welcher bemeltes Herrn
Georgen underthanen zu Schluckenaw vnd Colenstein, craft des Angezogenen Vertrags befugt sein,
Vnd der Rhat zu Pirn ihnen hierinnen Inhalt vnd
verhinderung thun wollenn, Das wier die obbeschrie-
bene Partenen, auf heut dato anhero kegen Dreßden
fürbeschieden, vnd durch vnsere Verordente Stadthalt-
ter vnd Rhäte nach gehabter verhor vnd handlung,
sie solches miß verstandes inn gütten entschieden vnd
vertragen haben laßen,

Nemblichen, weill inn Vorigen Verträgen zu befinden, das herr George Vnderthanen, aus der herrschafft Schluckenaw vnd Colenstein, zu ihrer notturfft vnd zu ihrenn gebrauche des Getreydiches zu erholen haben solle, Soll es damit Vngeachtet der Verträge gehaltenn werden, wie solches bishero gebraucht
vnd herbracht ist, Trüge sichs aber zu, das zu
Schandau ann der Schieffung mangel fürfiele, Das
die nachgelaßenen Kähne nicht vorhanden, so mugen
Herr Georgen Leuthe sich anderer gleich meßigen
Kähne erholen Biß solange die von Schanda, ihre
Kähne wieder zu sich bringen, Doch das die Nuzung
der Miete den Einwohnern zu Schanda, in allewege
zu gutt komme, Es sollen auch die zu Schanda Herr
Georgen Leuthe, mit dem Schiefflohne vnd Mitgelde
vor andern Leuten nicht beschweren, sondern an deme,
was gleich vnd billich, vnd wie man es bey andern
bekommen konte, bringen laßen.

Do auch Herr Georgen Leute dem Vertrage zuge-
gen, das Ausgeschiefte vnd Abgefurtte getreydich, förder vnd Außerhalb der beyder Herrschaften verkeuffen
wurden, sollen sie vonn Herrn Georgen vnd seinem
nachkommen darumb ernstlich gestrafft werden, Wie
sich dann Herr George erboten, hierauf vleißige be-
stallung

ſtallung zu machen, damit Allerley geſehrde verhütet
werde, Vnd ſollen die Verträge ſo der Auffſchiffung
zwiſchen Herr Georgen ſeinén Leuten, vnd vnſern Vnderthanen ſonſten Aufgerichtet Allenthalben bey kref-
ten vnd würden bleiben, Alles treulich vnd ſonder geſehrde, Zu ohrkundt mit vnſerem hierauf gedruckten
Secret beſiegelt, vnd geben zu Dreßden den 23 Februarij Ao. 52.

32.

Wir Melchior vnndt George vonn Partzefall, gebruedere zu Proßenn, vor Vnns Vnnſere Erben vnndt
nachkommen, vnndt beſitzern des Guethß Proßenn,
Thuen kundt vnd bekennen, mit dieſen vnſern offenen
briefe, Nachdem wir vnns Vnnterſtandenn, auf vnnſern guettern, Schwein vnd Rebe zu fahenn, vnd
aber das wir deßen befuegt In Vnnſerm Lehenbriefe
nicht außgedruckt, Derowegen dann der Durchlauch-
tigſte Hochgeborne Fürſt vnd Herr, Herr Auguſt Herzogk zue Sachſenn Des heyligen Römiſchen Reichs
Erzmarſchalch vnndt Churfürſt, Vnſer gnedigſter
Herr, beweget wordenn, vns anhero zue abtragt forbern zue laßenn, Vnnd Obwohl S. Churf. Gn. vnß
dieſes vnſers Vornehmens halben eine gelt ſtraffe auff-
erleget, Das denn S. Churf. Gn. derſelben Vielge-
liebten gemahl vnſerer gnedigſten Churfürſtin vnd
frauen, vor vns gethanen fleißigen Vorbiette, ſolche
geforderte gelt ſtraffe, dergeſtalt auß gnaden vns er-
laßenn, Das wier zuegeſaget, vnd vnnß verpflichtet,
haben, Vor vnß vnſere Erben vnndt Nachkohmmen
vnd alle beſitzer des Guethß Proßen vnns auf allen
Vnnſern guettern, vnd durchauß im Ambt Hohnn-
e 4 ſtein

ſtein keine Schweine vnd Reheiagten hinforder anzu-
maßen, noch zue gebrauchen, Allein haben S. Churf.
Gn. Vnns die Haſeniagt auff allẹnn Vnſernn guettern
zugebrauchenn nochgelaßenn,

Begebenn vnnd verzeichen Demnach Vor vnnß
vnſere Erben, Nachkommen, vnndt beſizern des Guethß
Proßen, vnß aller abberurter Jagten, außerhalb der
haſeniagt hiermit vndt in Crafft dieß briefes, Ob wir
gleich derſelben hiebeuorn zum theil etlicher maßenn,
inn gebrauch geweſen ſein möchten vnndt wollen vns
derſelben genzlichen enthalten, Zue Vrkund haben wier
Vnnſere Petzſchaft hierauff gedruckt, vnnd vnß mit
eigenen henden Vnterſchrieben Geſchehen zue Dreßden den 22 Julij A. 59.

33.

Von Gottes Gnaden, Wir Auguſtus Herzog zu
Sachßen, des heyligen Römiſchen Reichs Erzmarſchalch vnd Chur Fürſt, Land Graff in Thüringen,
Marggraff zu Meißen, vnd Burg Graf zu Magdeburg, Vor Vnß vnſere Erben vnd Nachkommen,
Thun kund. Nachdem vns vnſere lieben getreuen,
der Rath zu Pirnaw einen Vertrag ſo zwiſchen Ihnen
vnd den vier Städlein vnſers Ambts Hohnſteins, alß
Schandaw, Newſtadt, Sebeniz vnd Hohnſtein
durch vnſere darzu Verordnete Comißarien des Wein
Außſchiffens halben zu Schandaw aufgerichtet, fürtragen, vnd neben ſuchen vnd bitten laßen, Wir
alß der Landes Fürſt wollten Ihnen denſelben gnädiglich confirmiren vnd beſtettigen, Welcher von Wort
zu Wort lautet wie hernach folget,

Uff

Uff befehlich des Durchleuchtigsten vnd Hochgebohrnen Fürsten vnd Herrn, Herrn Augustn Herzogen zu Sachßen des heyligen Römischen Reichs Erz
Marschalch, vnd Chur Fürst Land Graff in Thüringen, Marggraffen zu Meißen vnd Burggraffen zu
Maqdeburg Vnsers gnädigsten Herrn, Haben wir
Hannß Christophen von Bernstein zum Borten, vnd
Hannß von Karlowiz zu Zschuschendorff, Alß in
dieser Sachen verordnete Comißarien die Irrungen Gebrechen, so sich zwischen den Vier Städlein, Newstadt, Schandaw, Hohnstein vnd Sebeniz in dem
Ambt Hohnstein gelegen, alß Klägern an einem,
Dann einen Rath der Stadt Pirnaw beclagten anders
theiles, des Wein außschiffens halben zu Schandaw
von der Elben vnd daraus erfolgeter Weins Theurunge
vnd vorkömmerunge etzlicher faß Weins halben. Welchen Wein Joachim Walter der Burgermeister zu der
Newstadt von Schandaw kein der Newstadt führen
wollen, in Verhöhr vnd Handelung genommen, vnd
dieselbigen Irrungen durch verleihunge Göttlicher
Gnaden Hülffe, folgendergestalt verglichen. Nemblichen es hat der Rath zu Pirnaw bewilliget, daß
die Vier Städlein Neustad, Schandaw, Hohnstein
vnd Sebniz uff den beiden Kehnen, damit sie vermöge
Churfürst Friederich hochlöblicher gedechtnüs Anno
Vierzehenhundert vnd zwey vnd Funffzig auffgerichte-
ten Vertrages von Schandaw der Elben hinauff nach
Behmen zu schiffen befugt, Sechtzig faß Wein Jähr-
lichen schiffen vnd zu Schandaw ablegen mugen,
Und dann von solchen Wein das Städlein Schandaw
Acht zehen Faß, das Städlein Neustad Acht zehen
Faß, das Städtlein Hohnstein Acht faß, vnd das
Städtlein Sebeniz Sechzehen Faß abhohlen vnd
in iezrlichen Städlein solche anzahle einlegen, ümbs
Geld vorzapffen, Also damit ihre Burgerliche Nah-

e 5   rung

rung treiben mögen, doch daß sie den Wein nicht bey
Faßen Vierteln noch Tonnen ufs Land verkeuffen sollen, sondern demselbigen in Städlein iedes orths zu
ihrer Bürgerlichen nahrungen gebrauchen sollen, Do
auch in einem oder mehrern iahren, die obgesezten
Städlein ihre anzahl wein nicht abhohlen oder verzapffen würden, so sollen die andern Städlein denselbigen Wein nicht zu holen, oder zu verzapffen befugt,
Sondern ein ieztliches Städlein soll bey der oben ge-
sezten anzahlen iährlichen begnügt seyn: Eß soll aber
diesen Vier Städlein, vnd ihren einwohnenden Bürgern frey sein, an andern orthen wein zuerhohlen denselbigen vor ihre Bürgerliche Nahrunge zugebrauchen
wie ander Stedten im Lande, Es haben auch die Bürger dieser Vier Städtlein bewilliget, wann sie den
Wein auß Böhmen uff den zugelaßenen Kahnen, gegen Schandau bringen, so wollen sie solches dem
Ambtman uffn Hohnstein, deßgleichen dem Verordneten des Raths zu Pirnaw alsbalde ankündigen, daß
sie den Wein besichtigen, denn der Rath daselbst inn
Städlein Schandaw wohnhafftig einen Mann nahm-
hafftig machen wird, der auffschreiben soll, wie viel
faß zu ieder zeit abgeschifft, damit die Anzahl der Sechtzig faß erfüllet, do aber der Rath zu Pirnaw verord-
neter zu ablegung oder ausschiffunge des Weins nach
beschehener ankündigung eines Tages verfließende,
nicht kommen würde, So sollen die Städlein macht
haben, Den geführten Wein auszuschiffen, einzulegen,
vnd zu verführen, Doch das ein ieztliches Städlein
mehr nicht denn so viel Ihm die Vergleichunge zuläst,
abführen, Do sich aber einer oder mehr unterstehen
wurde, mehr Weins aus zuschiffen, vnd abzuführen
oder die Wein so ein ieztliches Städlein in ihrer Bürgerlichen Nahrunge zu vortreiben befugt, ein Faß,

Vier-

Viertel, oder Tonnen uffs Land verkeuffen oder in andere Wege Handthierungen, damit treiben würden, derselbige soll so oft es geschicht, in das Ambt Hohnsteins straffe gefallen seyn. Es hat auch der Rath zu Pirnaw in dieser Vergleichunge bewilliget, dem arrestirten Weins Joachim Walter dem Bürgermeister zu der Neustad ohne entgeld zu laßen, den Schaden oder Kosten so bey den Parthen deswegen auffgegangen, gegen einander schwinden zu laßen, Ingleichen auch den Wiederwillen, so sich zwischen Jobsten Buffler dem iezigen Ambt Schößer uffn Hohnstein, und Lohmen und einen Rath zu Pirnaw ihres Dieners halben wegen der arrestirunge des Weins sich zugetragen gänzlichen uffgehaben und von keinen theil ferner gedacht werden, Also hinförder allerseits nachbarlichen und schieblichen sich gegen einander erzeigen, und soll diese Vergleichunge halben die vorigen verträge nicht uffgehaben sondern denselbigen von beyden Parthen nachgangen und unverbrüchlichen gehalten werden, Das Wier ihr unterthänig bitten angesehen, und solcher vertag aus Churfürstlichen Macht und Obrigkeit Ratificiret Confirmiret und bestettigt, Thun solches auch hiermit und in crafft dis Briefes, und wollen daß sich die Partheyen obberührt solchen Vertrage gemeß, und so viel Ihnen gebühret allenthalben erzeigen, und darwieder nicht handeln sollen, Jedoch uns und unseren Erben an hohen Landes Fürstlichen Rechten und Gerechtigkeiten auch sonsten männiglich an Ihren erlangten freyheiten, Begnadungen, alt herkommen und gerechtigkeiten unnachtheilig, Treulich und sonder gefehrde, Zu uhrkund mit unserm anhangenden Insiegell wißentlich besiegelt, und geben zu Dreßden den Funffzehenden Februarij, Nach Christi unsers Herrn und Heylandes geburth, Tausend Fünffhundert und im Neun und Sechzigsten Jahre.

34.

34.

Von Gottes gnaden, Wir Auguſtus Herzog zu Sachßen, des heyligen Römiſchen Reichs Erzmarſchalch
vnd Chur Fürſt Landgraff in Thüringen, Marggraf
zu Meißen vnd Burggraf zu Magdeburg Thun Kund
vnd bekennen hiermit Daß Wir durch vnſere Verordnete Stadhalter vnd Räthe, die Irrigen gebrechen, ſo
ſich zwiſchen vnſerm lieben getreuen dem Rathe zu Pirna an einem, den Leuthen zu Schandaw am Andern
vnd denen zu Sebenitz an dritten theil, wegen der ausſchiffung erhalten, in verhöhr vnd Handlung nehmen
laßen,

Und hat gedachter Rath zu Pirna, durch ihre ab-
gefertigte Syndicum vnd Raths Perſonen vorgebracht,
wie die Stadt Pirna für vndencklichen iahren, nicht
allein von den Königen aus Böhmen, Sondern auch
von vnſern hochlöbl. Vettern vnd Vorfahren, Chriſtl.
vnd ſeeliger gedechtnüs mit der ausſchiffung, anfuhre
vnd Niederlage, aus dem Land zu Behmen priuile-
giret vnd begnadet, auch die zeithero ſolcher ausſchiffung halben, in geruhiger gewehr vnd Poßeß geweſen,
Vnd wiewohl ſie verfloßener Zeit im Ein Tauſend
Vierhundert zwey vnd Funffzigſten Jahr, mit denen
von Schandaw der Schiffarts wegen, in mißver-
ſtand vnd Irrungen gerathen, So wehren ſie derowegen durch des hochgebohrnen Fürſten, Herrn Friederichs weiland Herzogen zu Sachßen verordnung folgender geſtalt verabſchiedet worden.

Daß die von Schandau zweier Kehne, iezlichen
von Anderthalb hundert Scheffel aus dem Lande zu
Behmen zu Ihrer nothdurfft getreyde abzuhohlen vnd
bey Ihnen wieder auszuſchiffen, befugt vnd berechti-
get

get sein, Mit diesem Anhang vnd ausdrücklicher ver-
warnung, do von Jhnen wieder das so abgehandelt
vnd verabschiedet, vorgenommen würde, daß sie an
Leib vnd guth gestrafft werden,

Das Schloß vnd Stadt Pirna auch auff solchen
fall die Schieff so zur ungebühr geführet, angetroffen
anzuhalten vnd zuvorkömmern, guten fug vnd macht
haben solten, nach besag vnd fernerm inhalt des da-
mals auffgerichteten Receß, denen sie in Originali
übergeben, Welcher auch verschiener Zeit von dem auch
hochgebohrnen Fürsten, Herrn Georgen Herzogen zu
Sachßen milder vnd seliger gedechtnuß, Anno Ein
tausend Fünffhundert Zwey und Zwenzig, auß neue
wieder bekräfftiget vnd bestettiget worden, Diesem
aber zu wieder hetten die von Schandaw sich nicht alleine mehr Schiff zugebrauchen vnterstanden, Sondern
auch ein groß Schiff, Acht oder Neun schock Scheffel
haltende, neulcher weile zu abführunge des Getreydes
aus dem Lande zu Behemien zugeleget, Vber diß truege
sichs zu, wenn sie die Jenigen zu besichtigung der
Schiffarth ümb erhaltung Jhrer Gerechtigkeit abgefer-
tiget, Daß sie mit bösen vngestömen wortten, vnd
wohl auch mit Steinwürfen, schimpflichen abgewiesen
würden, Welches alles zu merklichen nachtheil schme-
lerung vnd abbruch der Stadt Pirnaw vnd Jhrer erlangten Wohlhergebrachten Begnadung vnd Frybeit-
ten, So wohl auch vnsern Regalien Zolß vnd Gleits
so gegen Pirnaw geschlagen vnd Jhnen umb einen
gewißen Pacht ausgethan gerathen vnd gereichen thete.

Vnd derhalben gebeten, sie bey Jhren alten Priui-
legien vnd Begnabungen zu schützen, vnd zu Handhaben, die von Schandaw von Jhren vnziemlichen
beginnen vnd vorgenommenen neuerung abzuweisen,
das

das große schleff abzuschaffen, anzuhalten, vnd in die verwirckte straffe zu vortheilen,

Dagegen die von Schandaw einwenden laßen, daß ob sie wohl der ergangenen Receſs nicht in abrede, So wehren Sie doch dazumahl auffgericht, wie das Ländlein, Städte, flecke vnd Dörffer daselbst öde vnd wüste, gewesen, Weil es aber nunmehr Gottlob an Volcke vnd Leuthen dermaßen zugenommen, vnd sich gemehret, daß sie mit einer geringen Anzahl Getreide, zu ihren unterhalt nicht gesättiget zu seyn, vnd zu zukommen vermöchten, sie auch außerhalb der Außschieffung keinen Zugang vnd Nahrung, wegen des Gebirgs vnd mangelung des Feldbaues haben könten, So hetten sie sich Jhrer erforderten nothdurfft nach an die Abschiede so stracks nicht binden laßen, sondern sich der Schiffarth ie vnd allewege, über Rechts verwehrte Zeit, vnd vber Menschen gedencken so viel sie dero benöthiget vnd bedürfftig gewesen gebraucht, vnd solche Gerechtigkeit vngeachtet, daß sie es sonsten den gemeinen beschriebenen Rechten nach befugt, durch den langwierigen Gebrauch, zum überfluß erseßen vnd hergebracht, Wenn sie auch von denen zu Pirnaw solcher Anfuhre vnd Außschieffung halben Besprochen, vnd zu Rede geseßt, Ist daßelbe ieberzeit von Jhnen auff vnser erkendnus vnd fernere Verordnung gestellet worden, Jnmaßen sie es dann nochmals dahin stelleten, vnd vnser erkenntnus hierinnen gewertig seyn wolten,

Hierbey haben auch die von Sebeniz vorgewand, daß obgleich Jhnen durch einen Receſs eine gewiße Anzahl getreides als Siebenzig Scheffel im Lande zu Böhmen, oder wo es Jhnen am bequemsten seyn möchte, mit dero von Schandau Schieffen oder Kähnen, die sie Jhnen umb die gebühr darzu gestatten, vnd leiben solten abzuführen, vnd bey ihnen aus zuschiffen

nach-

nachgelaßen; So hetten sie doch bieß dahero in ansehung daß sich das Volck ungleichen gemehret vnd geheuffet, vnd sie mit benanter anzahl nicht reichen mögen, den Receß nicht halten können, Sondern so viel als sie zu ihren unterhalt vnd auskommen nothwendig bedurfft, abgehoblet, angefurth vnd ausgeschiffet, darzu wehre an dem Schößer zum Hohnstein, sie darbey also bleiben zu laßen, albereit von vnß befehl ausgegangen, Weil aber die von Pirnaw vnd Schandaw ihnen iezo darann inhalt vnd hinderung theten, So würden sie ebenermaßen zusuchen veruhrsachet die von Pirnaw vnd Schandaw von ihren vornehmen abzuhalten, vnd dahin zu weisen, daß sie zu ihrer vnd gemeiner Stad nothdurfft, bey anführung vnd außschiffung des Getreides, wie vor diesen geschehen, erhalten vnd gelaßen werden möchten.

Auff solches vnd der Partheyen ferner vorbringen seind sie auff fleißige vnterhandlung mit Ihren guten Wißen vnd Willen, folgendergestalt verglichen worden,

Daß die obangezogenen Reces vnd Abschiede, so von vnsern Vettern vnd vorfahren, auffgerichtet, in ihren Würden vnd eße werden vnd bleiben auch die von Pirnaw bey Ihrer erlangten begnadung vnd Gerechtigkeiten gelaßen werden sollen, Jedoch mit dieser nachfolgenden maaß vnd erclährung daß die von Schandaw sich des großen Schiffs, welches acht oder Neun schock Scheffel tragen, vnd halten soll, zu abholung vnd anführung des Getreides aus dem Lande zu Böhmen nicht gebrauchen, sondern daßelbe die Elbe hinab vnd wieder hinauff zu ihren Gewerben vnd Handthierungen führen vnd gebrauchen sollen, Auß gedachten Böhemer Land aber sollen sie das Getreide mit Vier Schieffen wie sie die iezo in Gebrauch haben, zu ihrer vnd des Ländleins nothdurfft abhohlen vnd

aus-

außschiffen. Denn Wein aber denen sie darauff mit bringen, Sollen sie außerhalb des Landes nicht verkauffen noch verführen, Do auch dieselben Schiffe mit ler Zeit abgehen vnd andere der Neuen erbauet werden müsten, sollen sie solches dermaßen vornehmen vnd anstellen, Daß zweene Kähne ieder von Einhundert Funffzig Scheffel vnd zwey Schiff iedes von Vier schock Scheffeln zugerichtet vnd erbauet vnd von Jhnen alß dann fort an, in solcher vorgeschriebenen größe vnd anzahl gefurth werden, Es sollen auch solche Schiffe vnd Kähne den Leuthen zur Sebeniz zu abführung vnd Außschiffung des Getreides so viel sie beßen zu ihren vnd gemeiner Stad unterhalt vnd nothdurfft bedürfftig, umb einen Ziemblichen Lohn, wie dann hiebevorn auch geschehen, vergönnet vnd geliehen werden,

Würde aber ein Theil dem andern in iezt erzehlten Puncten einige Hinderung vnd einhalt thun die obgesezte größe in erbauung der Schieff überschritten, oder die von Schandaw die Jenigen welche von denen von Pirnaw zur Besichtigung der Schiffe, ob damit Recht umbgegangen vnd gebahret, schimpflich anlaßen, vnd solches an vns Clagende gelanget, so soll das verbrechende theil von Vuß im Ernste vnd unnachleßliche straffe genommen werden. Doch wollen wir Vnß diesen Recefs, nach gelegenheit der Zeit vnd vmbstände zuvermehren, zuverbeßern, oder zu verminderen, hiermit ausdrücklich vorbehalten haben, Vnd sollen also die Partheyen solcher streittigen Irrungen halben hierdurch verglichen seyn, Treulich vnd ohne geferde, Zu urkund mit unserm zu ende auffgedruckten Secret besiegelt, Geschehen, vnd geben zu Dreßden den dritten Februarij Anno Ein vnd Achtig.

35.

Auflaßung der Stadt Gütter vnd Zweyen Mühlen dem Christiane Ryſewettern geſchehen, von
Adam von Straugedoß vnd deßelben nachgelaßenen
Wittben Frauen Annen auch ihren andern Ehmanne
Caſpar Caraßen beſißern des Lehn Guths Neidberg
eßliche in vnſerm Weichbilde gelegene Erb Stücke erkeufft und gebraucht werden, nehmlich:

j. Von Georg lehmann eine Mühle am Markt gelegen Item Aecker, Wieſen, vnd Holß der Blader
genennt,

ij Von Martinn Jumpfen eine Mahlmühle ſampt
der Brett Mühle an der Schluctiſchen Straßen,

iij Von Matts Keiſern eine Wieſe, ſo an der Ein-
ſiedler Gemeine gelegen, vnd mit den Wald oder
Pfeiffer Wieſen, die zum Forwerg Neidberg gehörig, grenßet,

iiij Von Hans Kneuffeln Badern einen Gartten,

v. Von Matts ſtelinge ein hinter Erbe,

vj von Hans Hemken 3 hinter Erbe,

vij von thomas Katzſchner ſein hinter Erbe,

viij Von Merttin holfeld ſein hinter Erbe,

jx Von Matts Keiſern ſein hinter Erbe,

x Von Wenßel waynern ſein hinder Erbe,

xj Von peter Groman ſein hinter Erbe,

xij von Caſpar Hempeln ſein hinter Erbe

an ermelten Kieſewettern in Lehn gereicht von dem
Rath zu Sebniß, jedoch ſich den Vorkauff vor an-
bern bedungen. Den 22 Monaths tag September.
Anno. 1581. Jahre.

f   36.

36.

Von Gottes gnaden, Wir Augustus Hertzog zu Sachsen, deß Heiligen Römischen Reichs Ertzmarschalch vnd Churfürst, Landgraf in Duringen, Marggraff zu Meissen vnd Burgkgraff zu Magdeburg. Bekennen Vnd thun kund vor vns, vnsere Erben vnd Nachkommen mitt diesem vnserm briefe, kegen Menniglichen Daß wir Vnserm Oberforstmeister zu Radeberg vnd lieben getrawen, Hansen Neburn sonst Selwitz genant, Vff sein Vnterthanigst ansuchen vnd bitten, zwey Reumicht, der eines hinder dem Haußberge, Nach zwey vnd zwantzig Ruten, Vier ellen lang, Vnd Achtzehen Ruten breitt, vnd daß andre vfm forder Jentzdorffel beim Arnstein, So Sieben vnd dreyssig Rutten vier ellen lang, und Eilff Ruten vier Ellen breit gelegen, sich am Ploß ansehet, vnd biß an den Weg, der vnter dem Heimberge, Nach dem grossen Zschandaw nein leufft gehet, Sampt dem Fischwasser Welches an der Böhmischen grentzen, vnd deß von Schleinitzen zu Hainsbach reine ligtt, sich biß an der Sebnitzer Gemein Wasser, vff Einhundertt Zwantzig rutten lang erstreckt, vnd ehr biß hero mitt den Reumichten, vmb Funfftzig groschen, Järliches Loß Zinses Innen gehabtt. Weil die Wieder zu vnserm Hohnsteinischen Ambtsforwerg nach ter Hoffhaltung fuglich zu gebrauchen, vmb seiner geleisten Dienste Willen, auß gnaden ohne Kauffgelt Erblichen geeignet.

Thun auch solches hiermitt in Krafft dieser Vnser Verschreibung, also: daß berurter vnser Ober-Forstmeister, seine Erben vnd Künfftige inhaber, solche beide Reumicht, vnd fischwasser, nach seinem vnd ihrem

besten

beſten, Erblichen genieſſen gebrauchen vnd wie mitt dergleichen Erbſtucken gewönlichen Jhres gefallens darmitt thun vnd laßen mögen. Jedoch ſollen ſie ſich mitt dem lehen, gerichten pfendungen, Steuern Vnd andern abrichtung Jnmaſſen von ſolchen Erbgüttern gebräuchlichen An erwehnet vnſer Ambtt Hohnſtein halten, vnd Jahrlichen Zwene gülden Achzehen groſchen Erbzinß vff die tage Michaeliß darein reichen.

Vnd befehlen darauff Vnſern Itzigen Vnd Kunfftigen Schöſſern zum Hohnſtein, oder wie folgentz die befehlich haber des ortts genant werden möchten Sie wollen gemeltem Vnſern Oberforſtmeiſter, ſeine Erben vnd künfftige Jnhaber, bey ſolchen geeigneten vnd vorerbeten beiden Reumichten vnd Fiſchwaſſer, kegen entrichtung der Järlichen Erbzinſe, vnd anderer oberwehnten pflicht Vnd abrichtung iedesmal ſchutzen vnd handhaben Trewlich vnd ſonder gefehrde, deß zu Vhrkund, haben wir dieſe begnadungs, vnd vorerbungs verſchreibung, mitt eigener Hand Vnterſchrieben, Vnd vnſer Secret, wiſſentlichen hierauff drucken laſſen, Geſchehen vnd geben zu Torgau den Sieben vnd Zwantzigſten Monats tag Septembris, Nach Chriſti Vnſers lieben Herren Vnd Seligmachers geburtt, Tauſent Funffhundert vnd im Zwey vnd achtzigſten Jahre.

Auguſtus.

37.

Daß Hannß Nebur von Mezenhoff, Selbſt genannt, Ober Forſt Meiſter, umb die Lehen ſeines Güthleins zu Heinersdorff, welches der Churfürſt zu Sachſen Unſer gnädigſter Herr, ihme neben einem

f 2　　　　　Fiſch

Fiſch Waßer und Räumichten ſo Er. Churfürſtl. Gnaden ihme vmb einen Zinß gelaßen, zu Knechte und
Mande Lehen zu machen gnädigſt bewilliget, angeſucht,
iſt ihme diß Bekentnis mitzutheilen befohlen worden.
Signatum Dreßden den 3. Augl. Anno 1583.

38.

Verzeichnuß was ſich im Jahre nach Chriſti vnſers
einigen Erlöſers und Seeligmachers Geburtt 1584.
mit den Beſitzern des Guths Neidbergs und den hierzu erkaufften Stadtmühlen und Güttern eines und Einem Erbaren Rath und gemeiner Stadt allhier (zu
Sebnitz) anders theils, verlauffen und zugetragen hat,
als folget:

Erſtlich den 15. Februarij ermeltes 1584. Jares
hat der regierende Burgermeiſter Caſpar Grobmann,
neben Valtin Glaten, den er zu dieſen Handel genommen mit Ernſten von Commerſtadt der die Zeit
das Guth Neidberg an ſich bracht, wegen der Mittel Mühle am Markte gelegen, gehandelt, und es dahin bracht, das er Jme wegen gemeiner Stadt darauf
Achthundert gülden uf Sechs Jahr zu leihen gewilliget,
auch alsbald nach gepflogener Handlunge Jme 58 fl.
darauf vorricht zugezehlt, bis endlich dieſer Pact in
Schrifften vollzogen wurde. Es hat aber folgends
der von Commerſtadt ein wiederwärttig notel ſolchs
Handels dem Rathe zugeſickt, welches keineswegs
anzunehmen, derowegen die Gelde ſo uf Faſtnacht gefallen ſolten, ins Amt Hohnſtein geleget, und iſt die
Mühle eingenehmen, ein Schloß neben das von Cum-
merſtedt, am Metz Kaſten geleget, unter des hat
Cummerſtadt, dem Rath die Mühle zu verkauffen
antra-

antragen laßen, darauf der Burgermeiſter Caſpar Grobmann den Rath und etzliche von der Bürger-ſchaft zu ſich erfordert, und ihr Bedenken auch hierzu gehöret, Etzlicher hats vor gut angeſehen eins theils habens wiederrathen.

Als nun hieraus ein Anſtandt erfolget und nach-mahl der von Commerſtadt das ganze Guth Neid-berg ſamt aller Zugehörunge, Stadtmühlen und Gü-thern zu erkaufen antragen laßen. Iſt der Burger-meiſter Caſpar Grobman uf ſeiner Meynunge ver-blieben und folgende im Rath zu Berathſchlagung ſol-ches Kauffes gezogen, als Valtin Glathe, Nickel Eckeln, Matts Caſparn, George Grobman, Ur-ban Hemken, und Matts Petterſen. Aus der Bür-gerſchaft aber Matts Heincken, Matts Kaiſern, Valtin Waynern, George Grobman, Leinwebern, George Pelinge, Chriſtoph Herbſten und Andreas Geißlern und den 1. Tag May des 84. Jahres den von Commerſtadt das Guth Neidberg umb Fünff tauſend Floren abgekaufft; Als folgende Leipziger Oſtermarckt Eintauſend Gulden und uf den Michaelis Marckt auch Tauſend Gulden, daß alſo auch 2000 fl. zum Angelde ſollen erleget werden

An die erſten 1000 fl. iſt der Licentiat Daniel Faber von Freyberg mit 800 fl. laut des Raths ver-ſchreibung angeweiſet worden die andern 200 fl. hat Commerſtadt ſelbſten empfangen, und Paul Brock-mann zu alten Dreſden, Gaſtgeber wegen Commer-ſtadt, die andern 1000 fl. Michaelis des 84. Jahres empfangen. Die verbleibende 3000 fl. ſind uf Erbe Tage in Sieben Jahren zu bezahlen ſtehen blie-ben, jedes Jahr Michaelis des 85. Jard mit 400 fl. anzuſehen, darauf der von Commerſtadt 80 fl. zuvor auf die Mühle bekommen, vnd 120 fl. hat er wegen

f 3   Man-

Mangelung des Forwergs Inventarij fallen laßen, das Jme also 200. fl. auf die ersten 400 fl. vorrichtet sein, Nachmahls soll der Rath 400 fl. geben Michaelis des 86. Jahres vnd den jedes Jahr uf Michaelis 400 fl. bis zu endlicher Zahluuge, laut des vollzogenen Kauff Brieffes.

39.

Zu wißen das Zwischen dem Gestrengen vnd Ehrenvesten Ernsten von Commerstedt, vnd den Erbarn vnd Weisen Herr Burgemeister vnd Rathmannen der Stadt Sebeniz, im Amt Hohenstein, heute dato ein aufrichtiger bestendiger vnd vnwiederrufflicher Erb Kauff geschehen, vmb das Lehn Guth Neidberg, sambt allen darzu erkaufften Erbstücken, in vnd außerhalben der Stadt Sebniz, wie dieselbigen jetziger Zeit in ihrer Bereinunge gelegen, vnd den Käuffern allenthalben beßer, als dem Verkäuffer selbst bewust, vnd bekannd sein, sambt alle deßelbigen Ein vnd Zugehörungen, Gerechtigkeiten vnd Beschwerungen, wie die Nahmen haben mögen, nichts davon außgeschloßen, sondern in allermaaß wie Verkäuffer daßelbe inne gehabt, genutzt vnd gebrauchet, oder Inne haben, nutzen vnd brauchen sollen können oder mögen, Auch mit allem Vorrath ain Viehe, Getreydig vnd sonsten, so viel deßen diesen Tag darinnen zu befinden gewesen, vnd gedachter von Commerstadt bemeltes Guth mit allem jetzo berührten Zugehörungen, ob es in wol ein mehrers gestanden, jedoch weil er diesmahl Geldes hoch bedürffende, obbenannten Rathe gegeben vnd Erblich vertaufft, vmb vnd vor Fünf Tausend Gülden Müntze, Meißnischer Werunge, den Gülden zu 21 gl.

gerech-

gerechnet, dieselben nachfolgender gestalt zu entrichten,
Eintausend Gulden alsbald anfänglich wenn es abge-
treten, vnd von Ihnen bezogen wird, Ein Tausend
Gülden Paul Brockman dem Gastgeber zu Alten
Dreßden uf Michelis des 84. Jahres, vnd den Mi-
chelißdes 85 Jahres Vierhundert Gülden bis zu endlicher Bezahlunge alles ohne Verzinsung zu deßen Vor-
sicherung hat Verkeuffer das Verkeuffte Guth Neidberg mit allen deßelben Zugehörungen, nichts davon
ausgeschloßen Ime zu einen willigen Unterpfande vorbehalten, dergestalt vnd also, wo die Käuffer mit
richtiger erlegung eines Termins säumig, das Verkäuffer vnd ein jeder getreuer dieses Brieffes, oder
deren hiervon rühren, den Schuldverschreibungen Inhaber alsbald in alle die verkeufften Guther lehen vnd
Erbe, zu welchem Stücke ihme geliebet, wircklich
hülffe, Tax vnd Immißion, wegen der vortagten
Summa, auch aufgelauffenen Schaden vnd Unkosten,
auf einmahl haben soll, welches ermelter Rath in der
Churfürstlichen Regierunge zu Dreßden vnd in dem
Amt Hohenstein also registriren zu laßen bewilliget
vnd zugesaget Auch denjenigen Persohnen, welche der
Verkäuffer auf die Gelder vermöge der Kauff verschreibunge anweisen wird, richtige Verschreibunge zuzu-
stellen.

Hiewieder Verkäuffer Inen versprochen daßelbe
Guth so viel Daran Lehen ist vor Chur Fürstlicher Re-
gierung zu Dreßden, So viel aber Erbe ist vor Ihnen den Käuffern selbst beständiglich aufzulaßen. Auch
alsbald dieses Tages würcklich abzutreten vnd einzu-
räumen, vnd deßen allen eine Landübliche Gewehr zu
sein, welches alles vnd jedes beyde Theil einander
mit hand vnd Munde, stet, vest, vnd vnverbrüchlich
zu halten zugesaget, vnd deßen zu Urkund ist diese

f 4　　　　　Kauff

Kauff Beredung gezwiefacht, eines lauts aufs Pap-
pier gebracht, vnd von beyden Theilen mit ihren ange-
bohrnen vnd gewöhnlichen Pettschafften bekräfftiget.
Geschehen vnd gegeben zur Sebeniz Am Tage Wal-
purgis im 1584. Jahre.

40.

Wir Burgermeister vnd Rathmann zur Sebeniz mit
diesen vnsern öffenen Brieue vor vns vnd vnser Nachkommen neben dem wirdigen wolgelärten Herrn Paulo
Röttinge vnsern der Zeit beruffenen Seelsorgern, vnd
den Verordnenten Kirchvätern albier mit Nahmen
Martin Holfeldt, Bartel Heße, Christoff petter-
sehn vnd Martin Heßen thun kund vnd bekennen,
Das der Edle Gestrenge vnd Ehrenvheste Hanß nebur
von Merzenhoffen sonsten Selwiz genandt Churf.
Sächß. Oberforstmeister des gebürgischen Kreyßes, Von
seinen erkaufften Gutt zu Heinersdorff ierlich der Kirchen albier. 1 gl. 6 pf. r Möckerlin Micheliß Zinß zu
geben pflichtig wie den dieselbe Zinße vor langen iaren
biß dahero von seinen Vorfahren vnd S. Edlen S.
eine Zeitlang gereicht vnd gegeben worden,   Weiln
aber S. Edle S. vor berürten ierlichen kirchen Zinß so
iedes iahr zu Michelis fellig, ein silbern schock zu
gentzlicher entfrihunge vnd benehmunge dieser Zinße
vf einmal zu erlegen sich erbotten, welches nachmahls
andern außgelihen vnd hieruon solcher Zins vnd etwas mehres der kirchen zum besten eingebracht werden
kendte: So ist solche S. Edlen S. erbittung dem verordneten Herrn Visitator, Josep Heneln Pfarherrn
zum Hohnstein in gehaltener local Visitation fürbracht worten von welchen daßelbe nachmahls neben
aubern

anbern Vorgelauffenen Acten vnd eingewendten be-
richts, den Edlen Achbarn vnd Ehrnvhesten Herrn
des georbneten Churf. Sächsischen obern Consistorij
zu Dreßden zu erwegen vbergeben, welche dan mit
diesen erbitten zufrieden, darein consentirt vnd daß
solch silb. so anderweit außgelihen vnd der Kirchen
die Zinße hiervon neben der vbermaß ierlichen entrichtet, vnd dafegen wolgemelter Herr Ober Forstmeister
Seine Erben vnd Nachkommen diser Zinße entnehmen
vnd genßlich gefreiet wurde, nachgelaßen vnd bewilliget. Derowegen vf solche vergunstigunge wir obbenante Burgermeister vndt Rath neben gebachten Herrn
Pfarrern vnd Kastenherrn fegen erlegunge des silb. so.
vielgemelten Herrn Oberforstmeistern Seine Erben vnd
Nachkommene Besißere dißes Gutts zu Heinersdorff
dieser ierlichen kirchen Zinße, hiemit vnd in crafft dieses vnsers brieffes, vor Vns vnd Vnser Nachkomene
genßlich benomen gefreiet quit loß vnd ledig gezelt haben, Also daß wegen solcher Kirchen Zinse nun vnd zu
ewigen Zeiten keine anforderung vnd mahnunge vor-
genohmen noch gesucht werden sol ganß treulich vnd
sonder gefherbe, Zu mehrer sicherheit vnd glauben haben wir obbenante Burgermeister vnd Rath diesen Reuers mit vnsern der Stad Sebeniß Insiegill neben
des verorbenten pfarherrs vnd kastenherrn gewenlichen
Aufgebruckten pettschafften besiegelt vnd beglaubiget,
Geschehen Sebeniß Freitags vor Cantate welcheß da
war der 15 Monatstag May dieses 1584 Jares.

41.

Durchlauchtigſter, Hochgebohrner Churfürſt, Gnädigſter Herr, Eure Chur Fürſtlichen Gnaden ſind unſer unterthänigſte gehorſame Dienſt zuvorn, Gnädigſter Chur Fürſt und Herr,

Ew. Churfl. Gnaden geben wir unterthänigſt zu
vernehmen; Nachdem das lehn Guth Reidberg obig
der Sebeniz in unſre Feld Fluhre und gemeinen Stadt
Güthern gelegen, zu Kauffe gangen; Als ſind wir zu
Verhütunge vieler Unruhe und Weitläuftigkeit dahin
bewogen worden dem Geſtrengen und Ehrenveſten
Ernſten von Comerſtadt welcher ſolch Guth von George Commerſtadt ſeinen Bruder an ſich bracht, daſ-
ſelbe abzukauffen, Das bey Ew. Churf. Gn. er uns
ſolch Guth zu Knechte und Magde lehen, wie es Adam
von Straugediz verliehen worden in lehen verſchaffen
ſolle, Gelanget derwegen an Ew. Churf. Gn. unſer
unterthänigſt und hochvleißiges Bitten, Ew. Churf. Gn.
wolten uns ſolch Forwerg mit derſelben Zugehörunge verleien laßen, Auch gnädigſt vergünſtigen, Das wir ſolch
Forwerg unter unſer Bürgerſchafft ſtückweiſe austhei-
len, gebrauchen oder gar vorerben möchten, Anlan-
gende das Vierteil Pferdes Ritterdienſte ſo uf ſolchen
Forwerg ſtehen und hafften, ſind wir unterthänigſt er-
böthigſt zu jeder Zeit neben den Ambtſaßen des Amts
Hohnſteins gehorſamlich zu verdienen. Ferner ſollen
Ew. Churf. Gn. wir nicht verhalten, das dem Geſtrengen und Ehrenveſten Hanß Aebur von Metzenhofen Ew. Churf. Gn. Oberforſtmeiſter ein ſtück Fiſch
Waßer an der Sebniz Bach 280 Ruten lang, an ſein
Guth zu Heinersdorf rührende, von obgemelte For-
werge wiederum käufflich zu kommen laßen das bey
Ew.

Ew. Churf. Gn. wir unterthänigst bitten, bemelten Ober Forstmeister solch stück Waßer welches den mit dem Forwerge jederzeit treulich soll verdienet werden, gnädigst zu verleien, damit wir zur Zahlunge solches Forwerges desto beßer kommen mögen; Sind unterthänigster Hoffnung Ew. Churf. Gnaden sich hierin gnädigst erzeigen werden, das sind um Ew. Churf. Gn. wir in aller Unterthänigkeit höchstens Vermöges zu verdienen schuldig, Thun Ew. Churf. Gn. samt derselben Gemahl Jungen Herrschafft und Fräulein in Gottes gnädigen Schuz bevehlen. Datum Sebnitz den 30 Juny Ao. 1584.

Ew. Churfl. Gn.

unterthänigste gehorsambs

Bürgermeister und Rath zur Sebenitz.

42.

Wir Bürgermeister und Rath zur Sebenitz thun kund und bekennen, Nachdeme wir das Knecht und Megde Lehngutt Neidberg von dem gestrengen und Ehrenvesten Ernsten von Commerstedt uf Rostock und Kalckreuth Kauffweise an uns bracht, und er uns zugesaget daßelbe in Lehen zu schaffen; Alß haben wir gegenwärttigen unsern regierenden Bürgermeister Caspar Grohman, voll Macht und Gewalt gegeben, Geben ihm auch dieselbe hiermit in der besten Form und Weise, als solches zu Recht, oder von Gewohnheit wegen geschehen kann oder mag, solche Lehn von unsertwegen zu entpfahen, und in unsre Seele zu schwören, und waß ferner hierzu von nöthen unsertwegen zu verrichten, zu Urkund mit unserm Insiegel versiegelt Actum Sebenitz den 1. Augusti Anno 84.

43.

43.

Den dritten Augusti Anno Vier und Achtzigk hat Paul Brukmann wegen Ernsts von Commerstedt auf fürgelegte Volmacht, das Gutt Neidberg, so er von seinen Bruder Georgen von Commerstedt erkauffe, in Lehen empfangen, und daßelbe alsbald wiederum aufgelaßen, mit welchem ferner der Rath zur Sebenitz uf erfolgete Lehen und Erbhuldigungs Pflichten, die der Burgermeister daselbst Caspar Grohmann auf vorgelegte Volmacht geleistet, beliehen worden. Geschehen in Beywesen, und von dem Edlen Ehrenvesten und Gestrengen Hauwald von Einsiedel Kantzler, den Edlen Ehrenvesten Achtbaren und Hochgelahrten Herrn Christoph von Loß uf Pllnitz, Doctor Eilenbeck, und Magister Leonhardt Vogel lehn Secretarius und ander Glaubwürdiger mehr. Sign. Dreßden uts.

44.

Zu wißen Nachdem im Eintausenden fünfhunderten und im Vier und Achtzigsten Jahre, nach Christi unsers Herren Geburth, Ein Erbar Rath allhier zur Sebenitz, als Herr Caspar Grohmann der Zeit regierender Burgermeister, Nickol Enkel, verordenter Stadtrichter, Matts Caspar, Valtn Glate, Matts Petterschen, Georg Gromann, Martin und Urban Heimke, Thomas Katzschner und Michel Petterschen, Rathsgeschworne, die hiebevorn Verkauffte Stadtgütter der hindern Erben, Wiesen und den beyden Obern und Mittel Mühlen mit samt dem Lehen Guth Neidberg wiederum von Ernsten von Commermerstedt eigenthümlich umb Fünff Tausend Gulden erkaufft und an sich bracht hat, darauf in der gebetenen gemeinde zusammenkunft, nach Anmeldung eines Erbarn Raths, wegen des jetzo berührten erkeufften Lehn Gutts, die Bürgerschaft sich folgender Gestalt vereiniget und verglichen.

Als dieweil solch lehen Guth Neidberg unter einander stückweise auszutheilen ein Erbar Rath entschloßen, hat die Gemein Bürgerschaft, vor deßelben Bezahlung, So viel auf Erbe Tage daran hinterständig, sich kegen dem Rath insonderlich und sämmtliche Bürgerschaft eingelaßen, und zugesaget, das ein jeder unter ihnen, mit seinem Gelde, so viel nach künftiger Rechnung einen jeden betreffen wird sich anfenglich uff Bartholomey des künftigen 85. Jars und den folgends Immer uff erwenten Termin Bartholomey sieben Jahr lang bis zur endlichen bezahlung unsäumig zu erlegen gefast machen, und einstellen soll und will.

Im Fall aber einer oder mehr dieser einhelligen Vorwilligung zuwieder handeln, und säumig befunden würde, soll ein Erbar Rath sich an Jnen allen, ober Jeder Jnsonderheit seines Gefallens solcher Gelbe zahhaftig zu machen und zu erholen volkommene Macht Fug und Gewalt haben, die einen Erbarn Rath hiemit, von der Gemeine freywillig und ungezwungen übergeben werden, darwieder sich auch keiner unter Juen setzen, noch einige einwendunge und Ausflucht vorwenden oder suchen, noch einigerley List erdenken soll, sondern solche samt und sonderliche hafft unvorbrüchlich stet veste und eintrechtig halten. Der aber oder diejenigen so dawieder handeln, mit erlegung der Gelde nicht zu halten, oder säumig sein würden, oder auch ihre Bürgen nicht lösen und in Schaden führen möchten, soll und wollen, aller ihrer Bür-

ger-

gerlichen freyheit Brauens und Maltzens verlustig
seyn, welche den alle und jeder so hierein frey guttwil-
lig und bedächtig gewilliget, und hierauf das Gutt
Neidberg neben den beschriebenen Zehen Raths Personen, in brauch und Theilunge genommen, Wie
denn solches alles und jedes wie berurt von Jnen treulich zu halten Angenommen und zugesaget.

45.

Den 19ten Augusti des 1584. Jares ist das erkaufte
Guth Neidberg unter die Bürgerschaft durchs Looß
ausgetheilet, welches in gewiße stück und theile abge-
meßen, und auf ein jedes stück folgende Persohnen geschlagen, denen es durchs Looß zugefallen, als:

31. Personen sind gerechnet worden zum großen stück
Acker übern Wege, von hoffe an, bis an die
Straße und weg erhinter.

6. Mann zum Stücke verm Büschel gelegen samt denselben Pöschel bis an die Seiffen Floß rührende.

5. Personen zum Seiffen, und deßelben Wiesen unter
dem Püschel gelegen.

3. Mann auf die beide Sauteiche und den gepfürchten
Stück Acker an der Neustädter Straßen.

14. Personen ufs stück Acker unter dem Wege der Keil
genant biß ans Waßer herein.

6. Mann auf die Wald Wiesen.

3. Mann zum hoffe, denen die Gärte, Pferde und
Schafstall, die Scheuren, und das Wiesewachs
eingethan worden. Das Wahn Gebeude mit
dem Stubel ist ausgeschloßen und frey blieben.

46.

46.

Wir hernach beschriebenen mit Nahmen Matts Caspar, Valtin Glate, Matts Petterschen, Georg Grohmann, Urban und Martin Heinke, Thomas Ratzschner, Michel Petterschen, Rathsfreunde und Nickol Enkel Stadtrichter, Andreas Heincke und Matts Heincke Eltisten der Gemeinde zur Sebenitz, vor uns und unser Nachkommen vnd der gantzen gemeinde, sammt und sonderlich bekennen,

Nachdem Caspar Grohman Bürgermeister wegen des erkeuften Guts Neidbergs vergangnes 84. Jahrs, viel mühe, sorge, und Vleiß vorgewand, das solch Güttlein nunmehr zu Bürger Güttern gemacht und unter die Bürgerschafft ausgetheilet worden. Damit nu gemelter Herr Bürgermeister Caspar Grohman wegen seiner vielfältigen gehabten mühe und angewandten Fleißes zum theil ergötzunge erlangen und haben möchte.

Als übergeben wir in krafft dieses unsers Brieffes Erblichn und eigenthümlichn, Ime seinen Erben, Erbnehmen und nachkommen, das stücklein Waßer, so zu vorn zum Neidberge gehörig. An Martin Richters Fortte oder Fahrwege, da er auf sein Guth durch fähret, sich ansehet, und biß an Rosiches Wehr herauf sich erstreckt, samt dem Mühlgraben und Olkorbe daßelbe ohne alle Zinße und Beschwerungen zu seinen Nutz zu gebrauchen deßen beyde Vfer zu fischen und zu genießen als sein eigenthümlich Gutt, daran In seine Erben und Nachkommen niemands hindern noch einigen Einhalt thun soll. Urkundlich und zu mehrer Versicherunge haben wir diß mit unserm Stadt Insiegill, bekräfftiget, und mehr gemelten Bürgermeister

Cas-

Caspar Grobmann zugestellt, auch zu mehrer Gewißheit und Nachrichtunge diesen unsern Brieff in das
Stadt Buch einleiben laßen, der gegeben ward den
fünff und zwanzigsten Monats Tag Februarij nach
Christi unsers Herrn Geburt Ein Tausend, Fünff,
hundert und im fünff und Achtzigsten Jahre.

47.

Von Gottes Gnaden, Wir Christian, Herzoge zu
Sachßen, des heiligen Römischen Reichs Erz Marschalh und Churfürst, Land Graff in Düringen,
Marggraf zu Meißen und Burggraf zu Magdeburg
Bekennen vor Uns, Unser Erben und Nachkommen,
und thuen kund Männiglich, daß wir Unserm Ober
Forst Meister zu Radeberg und lieben Getreuen Hansen Neburn von Mezenhoffen, sonsten Selbiz genennt, und seinen ehelich gebohrnen Erben, Söhnen
und Töchtern, nachfolgender Güter von Uns zu Lehen
rührende, nehmlich den hoff und Forwerk zu Heinersdorff am Ober Ende nach der Sebniz, im Amt Höhn-
stein gelegen, mit Aeckern, Wiesen, Gebölzen, und
Trifften, sambt dem Fisch Waßer, so obig der Sebniz bis an das von Schleiniz zu Hainsbach Rein
stoßet, neben den beyden Räumichten, derer eines
hinter dem haußberge in Wildensteiner Walde, nach
zwey und zwanzig Rutten, vier Ellen lang, Achtzehen
Rutten breit, das Andere ufn förder Jenzschoörffel
beym Arnsteine liegende Sieben umb Dreyßig Rutten,
vier Ellen lang und Dreyßig Rutten vier Ellen breit,
welche beyde Räumichte sambt dem izo bemelten Fisch
Waßer, weyland der hochgebohrne Fürst, Herr Augustus, Herzog und Churfürst zu Sachßen Unser
freund-

freundliches geliebten Herr Vater seeliger, Christmilder und löblicher Gedächtniß, ihme uff sein unterthäniges Ansuchen aufgenommene Erkundigung durch denselben Schößern zum Hohnstein, Daviden Tagk dergestalt erblichen einräumen laßen, daß er seine Erben und künfftige Inhaber, förder von diesen beyden Räumichten und Fische Waßer, jährlichen uf Michaelis zweene Gulden Achtzehen Groschen Erb Zinnß in Unser Amt Hohnstein reichen sollen, besage izo angeregtes Befehls an gedachten Schößer haltende, deßen Datum Torgau den 27. Sept. anno 1582. Item Ein Stück Fische Waßer an der Sebnizbach, Zweyhundert Acht und Achtzig Ruthen lang, beyder Ufer, so er verschienen Jahre vom Rathe zu Sebniz an sich erkaufft, und dann den Lehn Bauer, an Nieder Ende zu Heinersdorff, mit Erb Zinnßen, Leher und andrer Gerechtigkeit, als 24. gl. an Gelde 4 Scheffl. Korn 5½ schfl. hafer 4 Hüner und 36 Eyer, Inmaßen ihme demselben Wenzel von Liebenau erblichen verkaufft und vor Uns, wie bräuchlichen, aufgelaßen, samt den Erb Gerichten und Nieder Weydewerck auf allen oberzehlten Stücken, Immaßen solches von Unserm geliebten Herren Vater seeligen, ihme zu Gnaden bewilliget worden, und Wir auf sein unterthänigstes Ansuchen auß Churfürstlicher Macht und Obrigkeit, an diesen Güthern, die Eigenschaft und Krafft des Lehens vorwandelt und benommen, und denselben die Natur des Erbes gegeben zu rechten Erb Guthe gereicht und geliehen haben, Reichen und leihen gemelteten Unserm Ober Forstmeister, Hansen Nebur von Mexenhofen, und seinen Erben, obberührte Güthere und derselben zubehörungen, hiermit und in Krafft diß Briefes dergestalt, daß er und seine Erben daßelbe hinführo als Erb Guth haben, genießen und gebrauchen,

g

chen, und mit Veränderung und Verkauffung deßelben, oder sonsten damit ihres Gefallens gebahren mögen, und den Lehen, so offte die zu Falle kommen,
gebührliche Folge thun sollen, jedoch Uns und unsern
Erben an der Steuer, Folge und andern hoher Lan-
des Fürstl. Rechten und Gerechtigkeiten, auch sonsten
Männiglichen an seinen Rechten unschädlichen, Treu-
lich und sonder Gefährde. Hierbey seynd gewesen als
Gezeugen, die hochgelahrten und Unsere Räthe und
lieben getreuen, Herr David Paiser, zu Gosigk, der
Rechten Doctor, Unser Geheimden Cammer Rath und
Canzler, Heinrich von Bünaw zu Nedaschüz, Herr
Wolffgang Eilenbek zu Gosigk und Herr Johann
Bodeborn, beyde der Rechten Doctores, Caspar von
Bernstein daselbst, George von Schleiniz, zu
Strauchiz, und andere mehr, der Unsern genug
glaubwürdige. Zu Uhrkund mit Unserm anhangenden
Insiegel besiegelt und geben zu Dreßden den Eilfften
Monaths Tag Januarii nach Christi Unsers Herrn Ge-
burt Tausend, Fünffhundert und im Acht und Ach-
zigsten Jahre.

48.

Vonn Gottes gnadenn Wir Christian Herzogk zue
Sachßen, des heyligen Rom. Reichs Erz Marschalch
vnd Churfürst, Landgrave in Döringen, Marggrafe
zue Meißen vnd Burggrafe zue Magdeburg, Beken-
nen vndt thuen kundt mit diesen vnsern Offenen Briefe
vor iedermenniglichen das wir vnserm lieben getreuen
Hannsen von Parzefaln Melchiors nachgelaßenen
Sohne, vnd seinen rechten Ehlichenn gebornen Leibs
Lehens Erbenn, das Dorf Altendorf von vns zue
Lehen

Lehen ruhrent, vnd in der herrschaft vnndt pflege Hohnnstein gelegen, mit gerichten, Obersten vnd Niedersten, Robeten, Renthen, Eckern, wiesen, Puschen, waßern, waßerleuffte, Steinrugten, Viehetriefften, wonnen, weyden, Frohnen Diensten, Hasenlagtenn gerechtigkeiten vndt Zuegehörungen nichts ausgeschloßenn, Sondern in allermaßen ermelter Hanns von Parzefall beneben seinen Vetter Georgen von Parzefaln, solches hiebeuorn von den hochgebornen Fürsten Herrn Augusten Hertzogen vndt Churfürsten zue Sachßen vnsern freundlichen lieben Herren Vatern seliger vndt hochlöblicher gedechtnis, zue Lehen innen gehabt, genoßen vnd gebrauchtt, vnd ermelter George nach seinen absterben seinen antheil auf berurten Hansen seinem Vetter verseßett, Den Lehen ehr numehr bei vns gebuerliche folge gethann, zu rechten, Mann Lehen gereicht, vnndt geliehenn habenn,

Zue Vrkundt mit vnserm anhangenden Innsiegel wißentlich besiegelt vnndt geben zue Dreßden den 13. Monatstagk Augusti Funfhundertt vndt Neun vndt Aichtzigsten Jahre.

49.

Von Gottes Gnaden, Wir Friederich Wilhelm, Herzog zu Sachßen, Vormund und der Chur Sachßen Administrator, Land Graff in Thüringen und Marg Graff zu Meißen, In Vormundschafft weiland Chur Fürst Christians zu Sachßen seeliger löblicher gedächtnüs, hinterlaßener iungen herrschafft, vnserer freundlichen lieben Vettern und pflege Söhne, Thun kund, daß wir die Irrungen so zwischen vnsern lieben getreuen, dem Rathe zu Pirnaw eines, und den Ein-

wohnern zu Schandau, anders Theils, erhalten,
durch unsere in Vormundschafft verordnete Räthe in
verhör und handlung nehmen, und folgender gestalt
zum theil vertragen, zum theil verabschieden laßen,
Und ob wohl anfänglichen, von dem Rath zu Pirna
ezliche unterschiedene punct geklaget, welche doch die
Einwohner zu Schandau mehrern theil mit nicht ge-
stehen verantworttet, Alß haben obgedachte unsere
Räthe, weil sie solchen, auch durch die von den vorigen Chur und Fürsten zu Sachßen, hochlöbl. gedächt-
nus unterschiedenen uffgerichteten Abschieden gewiße
maaß gegeben, befunden, Eß allenthalben darbey bewenden und bleiben laßen,

  Wann aber ermelter Rath zu Pirnaw, diß bey
gehaltenen Vorbeschied fürnehmlich angezogen, daß
die Einwohner zu Schandaw vorigen alten Verträgen
zuwieder, sich mehrer als zweyer Schiffe deren iedes
Vier schock scheffel halten solte, und so viel Kähne einen
zu Einhundert und Funffzig scheffel gebrauchten, auch
geklagt, daß do man in diesen nicht andere gewißheit
treffen würde, wie hiebevorn geschehen, Also auch
Kunfftig von denen von Schandaw viel unterschleiff
gesuchet, auch unseren jungen Vettern von deme nach
Pirna, unterschiedenen Zöllen, ein ansehnliches endtzo-
gen, auch gebethen, daß sie wegen überfahrung gedachter vortrege, in gebührliche straffe genommen werden
möchte, die von Schandaw aber solches, damit, daß
sie niehmals nichts als beförderung ihrer Gnedigen
herrschafft Nuzes gesuchet, die Vorträge auch niehmals überschritten, Daß sie aber biß hero nicht andere
Schiffe, so vermöge voriger Abschiede das richtige
Maaß gehabt, damit, daß sie dieselben wegen Armuth
nicht schaffen können, abgewendet Und darneben gesuchet, Sie mit solchen uncosten aniezo nicht zubelegen,
                                                      auch

auch mit gebethener straff zu verschonen. Alß ist demnach nach fleißiger vorlesung voriger uffgerichteten Vorträge und Abschiede auch iedes theils an gehortter nothdurfft, dieses von unserm Rhäten, endlich dahin vermittelt worden, daß den Einwohnern zu Schandow uff diesmahl vergönnet, wofern sich vorigen Abschieden, an größ, gemeße Schiff, anietzo bey ihnen nicht befinden, Drey Schiff die doch auch nicht mehr alß Acht schock scheffel hielten, do sie dann in beyder theil hierzu verordenten beysenn zuvor geeicht gewerden müsten, zugebrauchen, damit sie sich uff demselben zu Ihrer und deß anstoßenden Ländleins so wie uff Sebnitz, Neustadt, Tholenstein, Schluckenaw, und die darzu gehörigen Dörffer nach besage Churfürst Morizens, Anno Zwey und Funffzig und Chur Fürst Augusti Anno Ein und Achtzig, beide hochlöbl. gedächtnüß, vorige in dieser sachen, ergangene Abschied ausdrücklich hiermit erkläbren laßen, nothdurfft erhohlen mügen, Dargegen soll aber den Einwohnern zu Schandau nicht allein die zwey Schiff, so ihnen besage voriger Vertrage zu halten, gebühren, Künftig zu verschaffen, Sondern ihnen auch alles andere zu und ausführen, sonderlich uff der Art nach der Laußnitz, Schlesien, und andern hierinn nicht begrieffende örther, auch alle Niederlagen, gewerbs halben, gänzlichen eingeleget und verbothen seyn, bey verlust des Getreydichts, Mann auch, wie den bißhero zu weit eingerißenen muthwilligen vorschleiffungen, darburch wir denn befunden daß unsern Jungen Vettern, am Elbstrohm habenden Zöllen nicht ein geringes abgehet vorzukommen seyn möchte, von unsern Räthen unterrede gepfogen worden.

Alß haben sie dieses Puncts halben, nach fleißiger erwegung, endlichen diß bedacht, daß denen von Schan-

daß die Ihnen zu gelaßenen Schiffe und Kähne deren
Sie dann albereit uff die in vorigen verträgen gesaßte
maß, Zweene alß einen zu Einhundert und Funffzig
scheffel, ihrem vorgeben nach, beyhanden, Mit der
Chur Sachßen Wappen gezeichnet werden sollen, Vnd
obwohl der Einwohner zu Schandaw Abgeordnete,
solches anfänglich, ohne zurück bringen, anzunehmen
Bedencken getragen, So haben doch unsere Räthe, es
bey vorigen ihren bedäncken billich bewenden und bleiben laßen, Wollen demnach hiemit ernstlich, daß gedachte Einwohner, obigen unserer Räthe, beschluß
nach, mit andern nicht, alß den ihnen nachgelaßenen
gezeichneten Dreyen Schiffen, und zweyen Kähnen zu
ihrer und obbemeltes Ländleins nothdurfft, aus dem
Lande zu Behmen, getreydicht nach Schandaw anfüh-
ren, da aber unter Ihnen einer befunden, der hiewieder zu frevelln sich nicht scheuete, und darüber betretten würde, der soll deß bey sich habenden getreydichs
mit der that verlustig seyn, Sonsten aber soll es bey
vorigen Verträgen und Abschieden allenthalben bewenden und bleiben. Treulich und sonder gefehrde, zu
urkund mit vorgenanter unsrer geliebten Jungen Vettern zu ende auffgedruckten Canzley Secret besiegelt,
Und Geben zu Dreßden, den Siebenzehenden Monats
Tag Augusti, Anno Neun und Neunzigk.

50.

Von Gottes gnaden, Wir Christian der Ander,
Hertzog zu Sachßen, des heiligen Römischen Reichs
Ertzmarschalch vnd Churfürst, Landgraff inn Döria-
gen, Markgraff zu Meißen, vnd Burgkgraff zu Magdeburgk, vor vns vnd in Vormundschafft der Hoch-
gebor-

gebornen Fürsten vnserer freundlichen lieben Bruedern,
Herrn Johannes Georgen, vnd Herrn Augusten,
hertzogen zu Sachßen, Thun kundt an diesem vnsern
Brieffe vor Allermenniglichen Nachdem vnsere liebe
getreuen Hans Meyßner, Bürger zu Pirna, Paul
vnd Christoff seines brudern Moritz Söhne zu
Stroppen, Auch Catharina Christoff Jobsts Ehe-
weib zu Pirna vnd Martha Christoff von Krißen-
hoffs nachgelassener Wittib in der Gottleube, Ihrer
aller Erbenn vnd Erbnehmen, Mannes vndt Weibli-
chen geschlechts, diese nachgeschriebene güether, mit
namen, ein hauß in der Poste in der Wehelischen
Plege, welchs votmals banß Karlewitz besessen vnnbt
innegehabt, vnd ihre Vorfahren nun solch guth erkeufft vnd an sich bracht, mit zweyen beyliegenden Gärthen, ein Steinbruch auf allerley Steinwergk, Wiesen,
Wiesenwachs, Holtzern, Puschen, Wonnen, Weiden,
wasser, Wasserleufften, Heldern, Hasen Jagten,
Erbgerichte im Hause vnd Feldern, vnd an allen enden,
so ferne daßelbige guth in seinen Vier Reynungen begriffen ist, gewonheiten, vnd gerechtigkeiten, nichts
außgeschlossen, Sondern in allermassen Ihre Vorfahren daßelbige innegehabt vnd gebraucht, Item eine
Wiese, die furmals zu dem Forwerge Mockenthal gehöret, mit einem steinbruche, auf allerley Steinwerk,
Holtzern, Puschen, vonn Krötenstein biß an die Steinen Marter, Wonen, Weyden, Wasser, Wasserleufft-
ten, Heldern, Haseniagten vnd Schafftrifften, an
allen enden, so fern dieselbige Wiesen, Steinbrüche,
vnd Höltzer, in seinen Vier Reinen begriffen, gewonheiten, gerechtigkeiten, nichts Ausgeschlossen, Sondern in allermassen, wie die von Salhausen die gehabt
vnd gebraucht, Erblichen geeignet, gegeben, vnd geliehen haben, vnd sich aller gerechtigkeit, so sie daran
gehabt,

g 4

gehabt, gentzlich und gar vorziehen, vnd Hans Meißner, vnd andere obgenante, vnd deren Erben vnd
Erbnehmen aller Dienste, Zinse, heerfarthvolge, und
anderer gerechtigkeit, so sie darauf gehabt, gefreyet
vnd enthabenn, Dieselbige guethere als freylehen von
vns J. L. L. vnd vnsern Erben vnd Nachkommen,
hinfurt nun, vnd zu ewigen Zeiten zu haben, zu besitzen, zu geniessen, vnd zu gebrauchen, Vnd den Lehen,
so offte die zu falle kommen, rechte folge zu thun, vnd
sich dauon haltten, Als solcher Erblehen guether Recht
vnd gewonheit ist, Treulich vnd vngefehrlich, Zu
Vhrkundt, haben wir diesen Brieff mit vnserm anhengenden Insigel besiegeln lassen, Der geben ist zu Dreßden am Dreyßigsten Augusti, Nach Christi vnsers
lieben Herrn vnd Seligmachers geburtt Tausent Sechshundert, vnd im Andern Jhare.

51.

Von Gottes gnaden wir Christian der Ander Herzogk zu Sachßen, des heiligen Remischen Reichs Erzmarschalch vnd Churfürst, Landgraff inn Doringen,
Marggraff zu Meißen vnd Burgkgraff zu Magdeburgk,
vor Vns den hochgebornen Fürsten Herr Johannes
Georgen vnd allen in Vormundschafft des auch hochgebohrnen Fürsten, Herrn Augusten beide Herzoge zu
Sachßen Vnsere freundlich lieben brudere, Bekennen
vnd thun kundt, das wir von Vnsern lieben getreuen
Hansen Ranischen ein Dorf die Posta genandt, mit
allen ein vnd Zugehörungen vimb Neunzehen hundert
gulden zu Vnserm Ambt Hohnstein Erblichen erkeuf-
fen laßen, Inhalts der Vnderm Dato Dreßden den
Neunzehenden Februarij darüber aufgerichten vnnd

in

In Unserer Rentherey in originali befindlichen Kauff verschreibung, Dergestalt, das Verkeuffern uf den Dinstag nach Quasimodogeniti negstkünfftig gegen Abtrettung berürtes Dorffs und alle zugehorung, das Kaufgeld zum halben Theil beneben den 14 fl. uf Ostern betagten Erbzinsen unnd dann die andere Helffte, Als Neunhundert unndt Funfftzig gulden, den Leipzigischen Michaelismarckt negstkommende, uf maß wie der Kauffbrieff besaget, verzinst oder abgelegt unnd bezahlt werden sollen, Gereden derowegen Vor Uns und obgedachter Unserer freundlichen lieben Brudere L. L. die Außzahlung obbemelter Kauffsumma der 1900 fl. uff die bestimbten Termin innhalts des Kauff brieffes, durch unsern Schoßer zum Hohnstein gegen gebührlicher Quittung und verzicht verrichten zu laßen, Treulich und sonder gefehrde, Des zu urkundt haben wir Unser Cammer Secreth hierauf drucken laßen, Unnd Uns mit eigenen henden underschrieben, Geschehen zu Dreßden den 25. Febr. 1608.

Christian Churfürst.

52.

Zu Wißen daß heute Unden dato, mitt Zulaßung deß Ambts Hohnsteins zwischen denen Edlen Gestrengen und Ehrnvesten, Wilhelm, Heinrichen, Friedrichen und Christiano, der Nebern von Metzenhofen sonsten selwitz genant, gebrudern von Heinertzdorff alß verkeuffern an einem, und dann dem Erbarn Hansen Grobman Burgermeister zur Sebenitz alß Keuffern am andern theil, ein Erblicher und Unwiederrufflicher Kauff und handel abgeredet, und wie volgend geschloßen Nemlichen, Es verkauffen wir

g 5

ob.

obgedachte Metzenhofen vor vns vnsere Erben vnd
Nachkommen gedachtem Hansen Grohman, ein Stück
Fischwasser, wie vns vnd vnsern Erben, Solches von
dem Durchlauchtigsten vnd hochgebornen Fürsten vnd
Herrren, Herrn Johan Georgen, Hertzogen zu Sachsen gulich Cleve vnd Bergk deß heiligen Römischen
Reichs Ertzmarschalchen vnd Churfürst, Landgraf in
Duringen, Marggraf zu Meissen, Vnd Burggraffen
zu Magdeburg Grafen zu der Marck vnd Ravenßburg,
Herrn zu Ravenstein Vnserm Gnädigsten Herren ist
gereicht vnd geliehen worden, von der Sebnitzer gemeinde Fischwasser ahn, am Waldbornstege anfahen-
de, biß hinauff, an itzo des Herrn Kintzki zu Hainsbach Wasser, Vnd an der Bömischen grentzen Reinen-
de, vmb vnd vor Zweihundert vnd Zwantzig gulden,
Jeden pro ein vnd Zwantzig gl. meißnischer Wehrung,
pahres geldes, Welche 220 fl. wir zu vnsern selbst
henden, pahr oder zugezelt empfangen, Auch derer-
wegen ihme hirmitt frey quit loß vnd ledig zehlen,
thun, darvon ban von erwehnten Fischwasser, gedachter Hanns Grohman Järlichen Zwantzig Silberne
groschen, ins Ambtt Hohnstein alzeit Michaeliß zu
vorgeben vnd zu vorzinsen Vber sich genommen, vnd
weiln Wir den vnser bezahlung hiervon bekommen,
Alß haben Wir sämptlichen nun mehr, mehrgedachtenn
Hansen Grohman, ihme vnd seinen Nachkommen er-
wehnt Fischwasser, mitt allen Nutzungen vnd Fische-
reien bestendiglichen seinem besten nach zugeniessen vnd
zugebrauchen, Allermassen Wir solches bißhero innen
gehabt, genutzet vnd gebraucht, Erblichen vnd eigen
thumlichen vbergeben vnd eingereümet, Welchem allem
Stete vest vnd vnvorbruchlichen zuhalten nachgelebet
auch von vns oder den Vnsern Keinerley Wege eintrag oder Verhinderung geschehen soll, haben Wir zu

mehre

mehrer Krafft und ficherheit Willen, neneben unfer Fraw Mutter Lucretien und ihres kriegischen Vormunden bewilligung, deß auch Edelen Gestrengen und Ehrenvesten Heinrichen von Hermßdorff zu Ulberßdorff diesen Kauffbrieff durch fein und unfere angeborne petschafft besiegelt und eigenen henden Unterschrieben So geschehen den 26 Septemb. Ao. 1614.

53.

Von Gottes gnaden, wir Johanns Georg Herzog zu Sachsen, Jülich, Cleve undt Berg, des heyligen Römischen Reichs Erzmarschalch undt Churfürst, Landgraff in Düringen, Marggraff zue Meißen, Burggraf zue Magdeburg, Graff zu der Margk und Rauensbergk, Herr zu Rauenstein, vor Vnß unfer Erben undt Nachkommen, Thun kundt Das unns unfere liebe getreuen, der Rath zur Sebeniz unterthenigst fürtragen laßen, Wie sie von unferm Vorfahren, den Herzogen undt Churfürsten zue Sachfen, löblicher seeliger gedechtnuß mit etzlichen Stadtgerechtigkeiten undt Freyheiten begnadet, derselben auch sonsten zum theil im rechtmeßigen gewehren undt gebrauch gewesen undt noch, Welche ihnen Weylandt die hochgebornn Fürsten Herr Augustus, Herr Christian der Erste, undt Herr Christian der Ander, alle dreye Herzogen undt Churfürsten zue Sachfen unfere freundtliche liebe Herr Groß-Herr Vater, undt Herr Bruder seeliger löblicher gedechtnuß, gnedigst bestettiget, Vnnß Vntertheniges Vleißes angelanget und gebethen, Wir alß nunmehr der Landesfürst, wolten ihnen dieselben auch gnediglich confirmiren und bestetigen, Welche angegebene Gerechtigkeiten und Freyheiten, des Jnhalts und lauts, wie hernach folget, Nemblichen

Die

Die zu Sebniz haben frey Stadt Recht zu brauen, schencken, kauff vnd verkeuffen, schlachten vnd backen vndt alle erbliche Handwerge zu fördern, wie andere Chur vnd Fürstliche Städte.

Ein jeder bestetigter Bürgermeister vndt Richter ist der Wache Jagt vndt andere gefälligen Dienste befreyet.

Eingebohrnen Kindern deßgleichen die eingepfarten Dörffer als Hertigswalde, Ottendorff, Saupsdorff, Hinterbermsdorff vndt Heinersdorff haben die Geburths Brieffe, vndt denen so auß der Stadt ziehen Kundschafft vndt Lehr Brieffe zu geben, vndt obermelte Dörffer sindt schuldig, Wenn man binget, ihre erbrügen zur Sebniz einzubringen.

Wenn man Gedinge helt pfleget der Ambtman Jhnen zu geben vor die erste Buße funfzehen oder zwenzig groschen. Dargegen geben sie den Schößer sammbt seinen Dienern eßen und Futter vor die Pferde.

In Meßer zügen hat der Rath, vierdtehalben Silber groschen, vndt gleichwohl muß ein ieder Meßerzugk nach der gebühr in Ambt vorleget werden,

Was sonst andere einkommen, der Erb vndt Nieder Gerichte zur Sebniz sein, davon sollen die zur Sebniz auß sonderlicher vnserer Bewilligung vndt begnabung den dritten Pfennig haben;

Sie haben auch macht, iederzeit gemeine bußen zu ordnen, alß inn Vortrettung die Pfanden, vndt andren Sachen zu der Bürgerlichen nahrunge anhengig vnvorschadet des Ambts Anspruch vndt Gerechtigkeit.

Wann der Richter vndt Schöppen etwas besichtigen, gebühret allewege iedem dem Richter, auch jeden Schöppen einen groschen. So etwas in das Gerichts Buch oder Stadt Buch vorschrieben wirdt hat der Richter einen groschen vndt gebühret sich mit den Schreiber

der nach gelegenheit der Händel zu vortragen vnd hat
jeder Schöppe auch einen Groschen

Sie haben auch eine freie Salz Schanke, darinnen
sie niemandt in einer Meil wegs irren soll;

Die außschieffung zur Schandaw haben sie sich
zu Nothturfft der Stabt zu gebrauchen.

Zu bauen die Brücken stege vndt wege, haben sie
bißhero auß gnedigen willen, vndt auff ahnweisung
der Förster, in Sebnizer walba holz zu hauen gehabt,
wann sie bauen, suchen sie an, etwas auß Gnaden
darzu erlangen;

Eine Fischerey an der Drehe frey zu fangen bey
Liebenaus oder jetzt Stragediz Waßer, biß an Wald-
born Stegk, da er vor alters gelegen hat;

Das Floß an der heiligen wiesen an Stragediz
Waßer anzufangen, mit den hertigswäldern zugleich
zu fischen, biß an baß Lauß Floß

Einen gemeinen freyhen Viehe Weg bey Stragediz
forwerge hinauß wie der vor alters in seinen reinen
gelegen;

Einen gemeinen freyhen Fleck vnter denn Ruhe
Bäncken, biß an die Schleinizer Grenzen, ihre notturfft nach in gemeln zu gebrauchen;

Grenzen mit dem Sebnizer Walde so Jhro Chur-
fürstl. Durchl. gehörig, vndt mit den Herrn von
Schleiniz, denen von Luttiz, Hertzigswalda vndt
Heinersdorff.

In dieser Bereinung auff den Stadtgüthern, haben
sie Hasen zu jagen, vndt fahen Desgleichen Füchse,
Jedoch so offt es der Churfürst zu Sachsen desselben
Erben vnd Nachkommen begeren, So sollen vndt wollen sie dieselben zu hegen schuldig seyn;

Es sind Drey Wiesen vndt leiten, die der Kirchen
Zinsen, gebraucht die gemeine jährlich zechweise vmb
die

die andern geräumte Wiesen, aber auß der gemeine
genommen, gebrauchen sie auch also, doch der Zienß
davon gebührt den Rathe;

Ein jeder, so Bürger werden wil, giebt zu Bürger
recht einen Gülden;

Ein jeder der verkaufft vndt der kaufft muß geben
von zweyen kleinen schocken Sieben Möckerling dem
Rathe vndt giebet der Verkäuffer einen Theil, vndt
der Käuffer zwei Theile;

So sich einer als ein Bürger zu Jhnen in die Stadt
wendet, vndt Kundschafft bringt, haben sie macht
Jhnn aufzunehmen vndt zu vereyden;

Do er aber ein Haußgenoß wird er erstlich von
Ambt vereydet, vndt darnach vmb die gebühr, vndt
auf ein Haudt gelöbniß, von dem Rathe an vndt ein-
genommen:

So einer verkeufft vndt hinwegk aus der Stadt
zeucht, gibt er ins Amt keinen Abzugk, desgleichen
so sich eingebohrene Kinder nach absterben ihrer Eltern,
oder sonsten theilen vndt was in der Stadt wohnet,
giebt keinen theilschilling, Wer aber anders wo gesessen
vndt Erbtheil in der Stadt nimbt, giebt dem Theilschilling;

Die Breth vndt Mahl mühle iziger Zeit mit zweyen
Gängen, so an der Straße, so man auf Schluckenau
gehet, leit, vndt Herr Ernst von Schönburg seeliger
gedechtnuß, der gemeinen Stadt zu ihren nuz gnediglich heimbgegeben, gehöret zu lehen dem Rathe vnndt
wirdt der Müller, der darinnen ist, von Amte vor einen Haußgenoßen angenommen, vndt ist derselbige
Müller, der zweyer tage Dienste frey;

Die Alten vndt neuen Heuser, sambt Aeker vndt Wiesen vndt Gärtten, laßen Sie Vor der Stadt Gerichte auf
zur Sebniz, der sie vermöge Jhres alten herkomens
wird verricht. Es

Es ist im Brauch gewesen vndt noch, daß die Hertigswalder vnd Hennersdorfer, mit der Braut vndt Hochzeit gästen das Hochzeit Bier bey ihnen trincken, bey straffe zwey Viertel Bier, eins dem Ambte, daß ander der Stadt;

So auch einer mißhandlung halber, bey ihnen, oder in den Fünff eingepfarten Dörffern, Wie oben gemeldet einkeme, vndt da Er gleich eine Zeitlang vffm Schloß Hohnstein gefenglichen Verhalten wirde so wirdt doch die öffentliche Rechtfertigung vndt Peinliche Straffe, vber denselben bey Jhnen zur Sebenitz gehalten, haben aber den Vncosten, so darauff gehet nicht erlegen dürffen.

Wann wir dann berichtet, daß solche derer von Sebenitz Stadt Gerechtigkeiten vndt Freyheiten vns oder Vnserm Ambte Hohnstein zu nachtheil nicht gereichen, die zu der Sebnitz auch solche Articul oder stücke mehrers theils von alters also herbracht, vndt in vnuorruckten gebrauch gehabt,

Alß haben wir auß Landes fürstlicher macht vndt Obrigkeit, solch Jhre Stadtgerechtigkeiten vndt Freyheiten auch confirmiret vndt bestetiget

Confirmiren vndt bestetigen ihnen Dieselben hiermit vndt in Crafft dieses Brieffes, iedoch Vnß vndt Vnsern Nachkommen, vndt Erben, an Vnsers Ambtes Hohnstein vndt andern vnsern hohen Landes fürstlichen Rechten vndt Gerechtigkeiten auch sonsten menniglichen an seinen Rechten vnschädlichen, treulich vndt sonder geferde, Zu vhrkundt mit Vnseren anhangenden großern Jnsiegel wißentlich bestegelt, vndt geben zu Dreßden den andern Monatstag Septembris Nach Christi Unsers lieben Herrn vndt Heylandes geburth, Tausent Sechshundert vndt im Achzehenden Jahre.

54

54.

Zue wißenn sey Menniglichenn das heute dato Zwischen den Edlenn Gestrengen vndt Ehrenvehsten, Hanns Georgen vnd Christoffen gebrueeren von Parzefall, an einem vnd den Ehrenvehstenn vnd Wolgeachten Hannsen Ranischen am andern theile ein bestendiger Kauff vmb ermeltes von Parzefals Dorff, vnd alle deßen Zuebehörungen, beredt behandelt, vnndt beschlossen worden, nachfolgennder gestalt vnndt also,

Es haben gedachte von Parzefaln mit ein bewilligung ihres brudern Friederichs von Parzefall, ihr Dorf, Altendorff mit den darzue gehörigen vnterthanen, Zinnsen, geseßen Fröhnen, Diensten, Hasen vnndt Fuchsiagten, vogelfangk vnd ander Klein Weydewergk Wönnen, Weydenn 3 Teichlein Ober- vndt Niedergerichtenn vnd gerechtigkeiten Freiheiten, vnndt herrlichkeiten wie es in seinen Reinen vndt Steinen gelegen, nichts vberall dauon außgeschloßenn, nach mehrern Inhalt des besiegelten anschlags vndt Erbregisters, allermaßen die von Parzefall ihr Vater vnnd deßen Vorfahren deßelben innengehabt beseßen genuzt vnd gebraucht, Hannsen Ranischen vor vnd Vmb — — fl. Landleuftiger genger vnd geber Munzen vnd Wehrungen oder die beschwerung, so vermöge des anschlages darauff haftet, folgender gestalt zue bezalen verkauft vnndt hingelaßen etc.

55.

Vonn Gottes Genaden Wir Johann Georg, Herzogl zue Sachsen, des Heyligen Römischen Reichs Ertzmar

marschalch vnndt Churfürst, Landgrafe inn Döringen
Maragrafe zu Meißenn vnd Burggrafe zue Magdeburgk, Bekennen vndt thuen kundt, mit diesen vnsern
offenen briefe vor iedermenniglichen, Das wir vnsern
Liebenn getreuen Hansen Ranischen dem Eltern vndt
mit ihme zugesambter Hanndt Hannsen Ranischen den
Jungern seinem Vetter Rudolfs Cohun Celigl. vnndt
ihren rechten Ehelichen gebornen Leibes Lehenns Erben,
Das Dorf Altendorff vonn Vnns zu Lehenn ruhrent
vnd inn der Herrschafft vnd pflege Hohnnstein gelegenn, mit Gerichten, Obersten vndt Niedersten, Robeten, Renthen, Eckernn, wiesen, Puschen, waßern
Wasserleuften Steinrücken, Viehetriefften, wonnen
weyden, Frohnen, Diensten, Haseniaaten Gerechtigkeiten vnd Zuegebörunge nichts außgeschloßenn, sonndern in allermaßen Die von Parzefall solches hiebeuorn von den Hochgebornen Fürsten Herren Augusten Herzogen vndt Churfürsten zu Sachsenn, Vnnsern
freundlichen lieben Herrn Großvatern vnd andern vnsern vorfahren seeliger vndt Höchlöblicher gedechtnus,
zue Lehen innegehabtt, genoßeun vnnd gebraucht vnd
von denselben obbenanter Hans Ranisch der Elter
Kauffweyse an sich bracht den Lehen ehr nunmehr
bey vns gebüerlichen volge gethann, zue rechten Mann
Lehen gereicht vnndt geliehen habenn, So geschehen
vnndt geben Dreßdenn den 5. Monatstagk. Martij
inn 6000, vndt 21. Jahre.

56.

Von Gottes gnaden, Wir Johanns Georg, Herzog
zu Sachßen, Gülich, Cleue vnd Bergk des heil. Röm.
Reichs Erzmarschalch vnd Churfürst, Land Graff in

h Düring-

Düringen. Marggraf zu Meissen, Burggraff zu Magdeburg, Graff zu der Mark vnd Rauenspurg, Herr zu Rauenstein ꝛc. hiermit thun kund, Nachdem Vnß vnser lieber Getreuer Heinrich von Hermsdorff fürbringen laßen, welcher gestalt Er das von seinem Vater Hugen von Hermsdorff hinterlaßene, vnd in brüderlicher Erbsonderung Ihme zugetheilte Gutt Nieder Vlbersdorff, vnnd deßen Zugehörung, gegen deme im Marggrafftumb Oberlausitz, gelegenen gute Liebenaw, Wolff Heinrichen von Leubnitz vertauschet; Inmaßen Vnnß der darüber am 6. Juny Anno 1620. offgerichtete Tausch brieff in originali fürgeleget, vnd dauon vidimirte Copey in vnser Canzley behalten worten; Mit angeheffteter vntertheniasten bitt, Wir, alß der Lehens Herr vnndt Landes Fürst, wolten solchen Tausch Contract gnedigst ratificiren vnd confirmiren: Daß Wir dies suchen angesehen vnd ermelten Tausch Contract ratificiret, confirmiret vnd bestettiget haben, Thun solches hiermit, vnd in Crafft dieß Vnsers offenen Brieffs, vnd Wollen, daß demselben in allen vnd Jeden Puncten vnd Clausulen, Articuln, inhaltung vnd meinungen stracks nachgegangen, vnd darwieder in keinerley weise noch wege gehandelt werde: Jedoch Vnß, Vnsern Erben vnd Nachkommen, an Lehen, Ritterdiensten, vnd andern hohen Lands Fürstl. Regalien vnd gerechtigkeiten, auch sonsten Manniglichen an seinem Rechten ohne schaden, Trewlich vnd sonder gefehrde.

Zu Vhrkundt mit vnserm zu End fürgebruckten Canzley Secret besiegelt, vnnd gegeben zue Dreßden den 20 Monats Tag Februarij Anno 1622.

57.

Von Gottes Gnaden, wir Johann George der Ander Herzog zu Sachßen, Jülich, Cleve, Berg, des
heiligen Römischen Reichs Erz Marschalh vnd Churfürst auch deßelben Reichs, in den Landen des Sächsischen Rechts vnd am Ende in solch vicariat gehörende, dieser Zeit vicarius Landgraff in Thüringen, Marggraff zu Meißen auch Ober vnd Nieder Lausitz Burggraf zu Magdeburg vnd der Mark Ravensberg, Herr
zu Ravenstein ꝛc Von vns vnsere Erben vnd Nachkommen, thun kund vnd bekennen daß wir vnsern
Lieben Getreuen dem Rathe zu Sebnitz vnd von ih-
rentwegen Christoph Hemken vnd Christoph Petter-
sen als ihren verordneten vnd vns fürgestellten Lehen-
trägern, auf geleistete Erbhuldigung vnd Lehenspflicht,
seinen Hoff vnd Forwergk Neudberg genennt, über
der Sebnitz, Acker vnd Wiesen, Teichen, Bergen
vnd Gründen, Waßer Waßerläufften, vnd die Pfeiffer Wiese, vnter dem Walde gelegen, vnd auf dem
Waßer die Sebnitz Bach genannt ihre Fischereyen
von der Stadt, niederwärts biß an Hennersdorff,
mit solchen Ehren, Nutzen, Würden, Freyheiten vnd
Zugehörungen, gar nichts ausgeschloßen, wie daß in
seinen vier Reinen gelegen vnd begrieffen ist, zu einem
rechten Lehen gegenwärtiglich mit vnd in Crafft dieses
Brieffs angemelden Rath zu Sebnitz vnd Ihren
Nachkommen obgezeugtes Vorwerk, mit den Wiesen,
Waßern vnd andern obbefindlichen Stücken, sammt
aller Zugehörunge, die hinförder Von Vns vnd Vnsere Erben zu rechten Mannlehen innen zu haben, vnd
zu besitzen zu gebrauchen vnd zu genießen, die auch
wie sichs gebuhret zu verdienen vnd den Lehen, so offt

dis zu falle kommen rechte Folge zu thun, vnd sich
damit wie oben geschrieben, vnd solche Mann Lehen
Güther aus Herkommen Recht vnd Gewohnheit ist, zu
halten   Jedoch Vns vnd Vnsre Erben, in vnsern
Obrigkeiten vnd Gerechtigkeiten vnschädlichen Alles
treulichen vnd vngefährlichen.   Hierbey sind gewesen
vnd darzu gezogen, die Wirdigen, Vesten, vnd Hochgelahrten, Vnsere Verordnete Räthe, Liebe Andäch-
tige vnd Getreue Herr Heinrich von Friesen zu Rö-
thau Vnser Canzler, Geheimbde Rath auch Präsidendt
des Appellation Gerichts vnd Thum Probst zu Mer-
seburg, Christian von Loß zu Borthen vnd Teblitz,
Herr Nicolaus Pfertschner zu Oberschaaren, der
Rechte Doctor, Herr Burchhardus Berlichius zu
Wegefarth, Christoph Vitzhum von Eckstädt zu
Grobnen, Johann Friedrich von Burckersrode zu
Pauschen, Herr Johann Schede zu Angelgaßwitz,
Herr Gottfrid Heymann beyde der Rechten Doctores
vnd ander mehr der Vnsern gnung glaubwürdige; Zu
Vrkund mit vnsern hier anhangenden grosen Jnsigel
wißentlich besiegelt vnd gegeben zu Dresden den 13
Martz Nach Christi vnsers lieben Herrn vnd Heylan-
des Geburth Eintausend sechshundert vnd acht vnd
funfzigsten Jahre.

Johann George Churfürst.

58.

Wir Burgermeister vnd Rathmanne zu Schluckenaw hiermit vnd Jn Crafft dieses Vnsers Offnen
Briefes Vhrkunden vnd bekennen für Vns vnd Vnsere Nachkommende Räthe, Gegen Allermenniglichen,
Jnsonderheit aber die Jenigen, denen hieran Jezo oder
in

In Künfftig gelegen, vnd solches zuwißen von Nöthen
ist, Demnach ober Menschen gedencken des Edlen vnd
Gestrengen Herrn Johann Gottfried Hanießchens,
des Churf. Sächsischen Ambtt Hohensteins Wohlbe-
stalten Amt Schößers sein Guth zu Hennersdorff so
er von Titul Herrn Friedrich von Neburn, Erkaufft,
Vns vnnd Vnserm Gottes Hauße Jährlichen an Michaelis Frühe Meßzins Benandtlichen Zwey Schock
Reichs Münze bis dato zu verrichten schulbig vndt
verbunden gewesen, Nun aber Herr Johann Gottfried Hanießch Ambt Schösser zum Hohnstein Inn-
stendig Angehalten Vmb Wolten Wir von solchen Zinßen das Capital von Ihme aufnehmen. So haben in
Ansehen Gewißer beweglichen Vrsachen doch mit Vor-
bewust vnd Einwilligung des Hoch Gräflichen Mannß-
feldischen Ambtts des Wohl Edell Gestrengen Herrn
Johann George Ottbo von Ottbenfeld auf Schör-
giswalda der Beyden herschafften Schluckenaw vnd
Hainsbach Hauptmans, Wir Ihm seiner bitt deferi-
ret, vnd von ihme das Capital Nahmentlichen Zwey
vnd Dreyßig Reichs thaler zehen ggl. die Er dato
Wircklichen Entrichtet Bezahlt vnd Abgetragen, zu
Vnsern Händen Empfangen vnd Bekomen. Sagen
derowegen Wohlgemelten Herrn Johann Gottfried
Hanißchen Ambtt Schößern zu Hohnstein Ihn, Sei-
ne Erben vnd Erbnehmen, dessen Nachkomen, oder
Wem sonsten mehr zu quittiren Nöthig, Solcher Vns
Bezahlten zwey vnd Dreyßig Reichs thaler zehen ggl.
Capital sambt denen hiervon Jährlichen Abgestatteten
Zinßen hiermit vnd In Crafft dieses, quit, Ledig vnd
los vnnd Thüen vns vndt aller Vnser Nachkomen-
den Räthe, Alles Vnsers Rechtens, So wir am Mehr
Wohlgedachten Herrn Johann Gottfried Hanißchen
Ambtt Schoßern zum Hohnstein vnd seinem von

h 3   Herrn

Herrn Friedrich von Nebern Erkaufften Guthe gehabt haben, hiermit Cräfftiglichen Verzeihen vndt Begeben, Wollen Vns auch hinwieder keinen Rechts Indulten Privilegien, Wie solchen Nahmen haben, oder Erdacht werden möchten, Gebrauchen, Sondern Thuen denselben sambt vndt sonders hiermit vnd In Beständiger Form Rechtens renunciren, Alles Trewlich vnd sonder gefehrde. Zu deßen Mehrer Beeräfftigung, haben Wir diese Quittung die der Herr Haubtmann, doch Ihmbe vnd den Seinigen Allzeit Vnschädlichen Ambtswegen Vnterschrieben mit Vnserm der Stadt Inn Siegel, vnd Vnser der Zeit Verordneten zen Burgemeistern Eigenhandigen Vnterschrifft Bekräfftiget, die auch Mehr vndt OfftErwehnten Herrn Johann Gottfried Hanizschen Ambts Schößern zum Hohnstein wißentlichen Bebändiget vnd zugestellet. So geschehen Schluckenaw den 12. Octobr. des Lauffenden 1662gsten Jahres

J. G. D. von Ottenfelt.

Abraham Schmiedt ⎫
Hannß Vllmann ⎬ Burgermeister.
Balthasar Milbener ⎭

59.

Deß Durchlauchtigsten, Hochgebohrenen Fürsten vndt Herrn, Herrn, Johanns Georgen deß Andern, Hertzogen zu Sachßen, Julich, Cleve vndt Bergk ꝛc. Churfürsten ꝛc. unsers gnädigsten Heren,

Vnser

Vnser freundtlich Dienst zuvor, Ehrwürdiger
undt Hochgelahrter auch Erbar, gutter Freundt undt
Gönner, Auf Ewern eingeschickten Bericht vndt darinnen angeführten uhrsachen, seindt Wir zufrieden,
daß das Kirchen Capital zu Sebniz, von der Herrschafft zu Hainsbach angenommen, vndt hingegen
anderwerts, iedoch auf genugsame versicherung, vmb
Sechs gülden jährlichen Zinß von Einhundert, aus-
geliehen werden möge, Ist demnach hiermit anstatt
Ihrer Churfl. Durchl. Unser begehren, Ihr wollet also Euch darnach achten, vndt den Pfarrer vndt die
Kirchvätere undt andere Interessenten darauf beschei-
den, Hierdurch vollbringet Ihr höchstgedachtes Vnsers gnädigsten Herren gefällige meinung Datum
Dreßden, am — — Anno 1670

Verordnete Præsident, Räbte vndt Assessores
im Obern Consistorio.

Denen Ehrwürdigen, Hochgelahrten vndt
Erbarn Herrn, Johann Michael
Straußen, der heyligen Schrifft
Doctorn, Pfarrern undt Superin-
tendenten zu Pirna auch Johann
Gottfried Hanitzschen, Ambtmanne
zu Hohnstein, unsern gutten Freundt
undt Gönner.

60.

Inferat

Auch
liebe getreue, So viel, in der Tabelle Fol. 16 b mit
folgenden Acten a No. 133 bis mit 153 confignirten
Grundstücken betrifft; So begehren Wir gnädigst, ihr
wollet dieselben nunmehro, da vermöge eures Inferats
deren Verdienung mit Ritterpferden unter dem Ritter
Guthe Neidberg, zur Nothdurfft beigebracht ist, von
Schocken und Quatembern noch ferner allerdings frei-
laßen. Daran geschiehet Unsere Meinung. Datum
Dreßden am 19 Nov. 1756.

Hans Heinrich von Heringen.